Fabrice Jouhaud

Livre d'Or 2006
Football

Préface de Willy Sagnol

SOLAR

Si vous souhaitez recevoir notre catalogue
et être tenu au courant de nos publications,
envoyez-nous vos nom et adresse, en citant ce livre
et en précisant les domaines qui vous intéressent.

Éditions SOLAR
12, avenue d'Italie
75013 PARIS
Internet : www.solar.tm.fr

Directeur de collection : Renaud de Laborderie
Assistante d'édition : Mélanie Schmitt
Réalisation : GRAPH'M
ISBN : 2-263-04136-2
Code éditeur : S04136
Dépôt légal : août 2006
Imprimé en France par Mame, à Tours

Une belle aventure

Willy Sagnol

Au-delà du résultat sportif, je retiendrai de notre Coupe du monde une aventure humaine. Le déplacement en Martinique a été décisif pour la cohésion du groupe. Beaucoup de voix s'élevaient pour le critiquer alors que nous trouvions tous que c'était bien d'aller enfin dans les DOM-TOM. Là-bas, nous avons passé beaucoup de temps ensemble, et nous avons fait de notre objectif commun, celui de réussir le Mondial, notre fil rouge.

Évidemment, le retour des anciens, Zidane, Thuram et Makelele, a été le moment décisif, et la Coupe du monde l'a confirmé. Habitant à Munich, je savais que ce serait une grande compétition qui resterait dans les mémoires, car j'ai vécu toutes les étapes de l'organisation. Le point d'orgue, pour nous, c'est cette place de finaliste. Nous y avons toujours cru et tout mis en œuvre pour que ça marche. C'était parfois difficile. Quand on mise tout sur l'état d'esprit et la cohésion du groupe, il y a des règles auxquelles on ne peut pas déroger. Tout le monde les a respectées.

Cela implique de se protéger mutuellement. Quand j'ai dit « Ta gueule, l'ancien ! », j'ai réagi comme un joueur prêt à défendre le groupe. Nous étions excédés par les attaques de personnes qui savent comment ça se passe à l'intérieur, qui connaissent parfaitement les sacrifices consentis pour en arriver là et qui auraient réagi de façon identique si elles avaient été critiquées de la sorte. Avec le recul, je ne le regrette pas. Même si j'en ai souffert, les commentaires de cette nature-là ont cessé.

Cette Coupe du monde était aussi la dernière compétition de Zidane, qui en a été désigné meilleur joueur. Il a disputé un tournoi digne du champion qu'il est, peut-être le plus grand de tous les temps. Sa sortie a montré qu'il était comme tout le monde. Il déteste l'injustice, l'hypocrisie, et sa réaction est en adéquation avec ce qu'il est : il défendra ses proches jusqu'à la mort.

Moi, je retrouve le Bayern avec qui j'ai prolongé mon contrat jusqu'en 2010. J'en suis encore plus fier quand je vois ce qui se passe en ce moment. C'est un club sain qui a remporté le Championnat et la Coupe mais connaît des difficultés pour passer le dernier palier en Ligue des champions. Il ne se bat pas avec les mêmes armes que les autres sur les plans financier et comptable… Le Bayern respecte les règles plus que certains. Je suis vice-capitaine d'Oliver Kahn, et, si c'est dans la logique de ce qui se passe depuis quelques saisons, je suis ravi de la reconnaissance de mon travail à Munich. Je suis fier de m'inscrire dans la durée avec ce club.

Comme Willy Sagnol, aidez les autistes, soutenez la bande à Lilian.
http://www.labandealilian.org

SOMMAIRE

COUPE DU MONDE 2006

ÉQUIPE DE FRANCE

CHAMPIONNAT DE FRANCE

C 1

UEFA

COUPE DE LA LIGUE

COUPE DE FRANCE

CARNET DE NOTES

COUPE D'AFRIQUE DES NATIONS

FAITS DIVERS

LES RÉSULTATS

▲ ***Henry veut sans doute savoir pourquoi le ballon fait ce que Zidane lui dit.***

LA STAR DU

Un jour, les hommes crurent le reconnaître. Ils avaient des certitudes et n'écoutaient pas ses doutes. « Je ne suis pas le messie », leur dit-il. Pour eux, il était plus que cela, il était Dieu. Certains l'avaient touché et se sentaient habités, d'autres écrivaient ses évangiles en prose et en fiches techniques. Tous ou presque l'aimaient. Avec un abbé, Pierre de son prénom, il était leur personnalité préférée.

Pourtant, Dieu expliquait qu'il avait, comme tout le monde, souscrit une assurance-vie, qu'il aimait la téléphonie mobile et la télévision par satellite et même qu'il mangeait des yaourts et buvait de l'eau des volcans. Dieu était mortel. Pire, ou mieux, un professionnel qui signait plus de contrats que de tables de lois.

▲ *Zidane l'espiègle face à l'Espagne.*

MONDIAL

Dieu était revenu en 2005 et tous pensaient intimement qu'il était là pour réaliser un présage : leur ramener la Coupe du monde. Le peuple du football y croyait. Enfin, le peuple français, car dans plusieurs autres endroits de la planète, on ne vénérait pas ce joueur-là. Dieu avait dit qu'après cela, il arrêterait sa carrière. De footballeur, songeait chacun, car avec la Coupe à la maison, Dieu serait enfin éternel.

Des instants d'éternité, Zinedine Zidane en a offert plusieurs pendant cette Coupe du monde dont il a été élu meilleur joueur. Les limbes l'ont ainsi guetté au premier tour qu'il a franchi, loin d'être divin, suspendu à un fil du destin, suspendu tout court lors de la qualification face au Togo lors de la dernière rencontre du groupe G (2-0). Dès que les matches à élimination

▲ ***Fabregas et Puyol ne peuvent entrer dans la danse du capitaine des Bleus.***

directe ont croisé sa route, il a retrouvé sa force pour donner à voir des gestes magiques, des prises de balle énergiques, une autorité physique, un ascendant psychologique.

Sa prestation face au Brésil en quart de finale fut plus qu'un morceau de bravoure, une charge héroïque et technique où l'impair n'a pas de place, où l'impondérable est absent, où la maîtrise est absolue et l'adversaire minuscule. C'est comme si le ballon reconnaissait son maître, comme s'il se soumettait à sa volonté avant de devenir ami, complice, compagnon de duperie de tous les autres, auxquels il ne souhaite pas appartenir plus d'une fugitive

▲ ***Duel Kaka-Zidane: l'art n'est rien sans puissance physique.***

seconde. Dans ces moments-là, on se dit avec Lilian Thuram, que ce sont « les autres qui devraient arrêter de jouer, pas lui ».

Buteur face à l'Espagne en huitième de finale (3-1), passeur contre le Brésil en quart (1-0), buteur en demi contre le Portugal (1-0), Zinedine Zidane a encore marqué en finale de la Coupe du monde. Car l'équipe de France, en reconstruction et mal embarquée dans son groupe éliminatoire moins d'un an plus tôt, dispute cette finale le 9 juillet 2006 au stade Olympique de Berlin.

▲ ***Les marches de la gloire ne sont pas toujours dans le bon sens.***

Qui d'autre que Dieu aurait pu mener les Bleus à Berlin ? Ce dieu-là n'a pas eu besoin de sa main pour en arriver là. C'est sa tête qui lui sera fatale. Car Dieu se fâche et donne, soudain, un violent coup de crâne divin au mortel Materazzi qui s'écroule. Le geste n'est pas tolérable et comme Dieu ne décide pas de tout – il y a un arbitre pour ça – il rejoint le vestiaire à défaut du panthéon. Ainsi finit la carrière de Zinedine Zidane.

Dernière image dont la morale de l'histoire donne la clé : il n'était pas Dieu, pas même le Messie. Ce n'était pas non plus le héros de la nation. Les hommes s'étaient donc trompés : il était l'un des leurs, imparfait, impulsif, faillible, promis à une destinée tragique et belle, mais pas victorieuse à la fin. Les hommes étaient déçus. Pour eux plus que pour lui.

Ils avaient tort, au fond, car s'ils se rappellent d'où ils viennent, ils sauront que Zinedine Zidane est un arc-en-ciel magnifique après l'orage, même si, parfois, il est aussi l'orage.

Il faudra penser à remercier le ciel de nous avoir permis de le regarder.

▲▼ *La foule est venue acclamer ses idoles. Au balcon du Crillon, le salut de Zidane est papal envers ses fidèles.*

Les favoris au rendez-vous

Munich respire à peine. Non seulement à cause de la chaleur qui l'étouffe ce 9 juin, mais surtout parce que la Nationalmannschaft est en ville. L'Allemagne ouvre sa Coupe du monde dans le stade du Bayern de Munich face au Costa Rica. L'atmosphère est à la liesse, à la joie, à l'ouverture sur le monde et au plaisir des Allemands de se montrer loin de leurs habituelles caricatures. Pourtant, autour de la sélection, l'ambiance est différente. Jürgen Klinsmann, atypique sélectionneur, fait presque l'unanimité contre lui, essuie des averses de critiques et de sarcasmes à côté desquels les doutes sur les choix de Raymond Domenech sont d'amicales tapes dans le dos.

Mais Klinsmann n'est pas Domenech. Il a été champion du monde, champion d'Europe et sait ne pas se tromper de combat : le sien est sur le terrain, pas face aux médias. Klinsmann n'est pas dans la justification ou la posture, il est dans l'action. Et l'action commence sans son capitaine, Michael Ballack, blessé au mollet. Un coup dur qui n'empêche pas les Allemands de démarrer leur partie très fort avec une frappe magique de Philipp Lahm, celui qui poussa Bixente Lizarazu sur le banc du Bayern, dans la lucarne de Porras (6e). Les 65 000 spectateurs de l'Allianz Arena font trembler les murs. Paulo Wanchope, lui, fait le mur. À peine la joie allemande savourée, l'ancien attaquant de West Ham s'échappe dans l'axe et dans le dos des défenseurs pour égaliser (12e). « Pitié, si on décide de jouer le hors-jeu, au moins qu'on apprenne à le faire », s'exaspérera Günter Netzer, ex-star et technicien hors pair qui eut le tort d'être l'ennemi intime de Beckenbauer et qui le paie encore

▼ ***L'Allemagne accueille le monde avec enthousiasme et esprit de fête.***

aujourd'hui. Mais c'est une autre histoire. Celle, plus récente, de cette 18e Coupe du monde naissante, semble s'écrire péniblement pour le pays organisateur. Mais l'Allemagne réagit vite. Cinq minutes plus tard, Klose lui a redonné l'avantage (17e, 2-1). Le jour de ses 28 ans, l'attaquant du Werder s'offre même un doublé après le repos (61e, 3-1) avant que Wanchope, réduise à nouveau le score (74e, 3-2) sur une erreur d'alignement des défenseurs allemands (23 ans de moyenne d'âge). Frings met fin à tout suspense d'un tir de 30 mètres qui termine dans la lucarne (87e, 4-2) et rappelle que la philosophie de Klinsmann est de toujours marquer plus de buts que l'adversaire.

L'Équateur, première sensation

Le soir même, à Gelsenkirchen, l'Équateur crée la première sensation de la compétition en balayant la Pologne (2-0), pourtant attendue comme un outsider intéressant après sa qualification juste derrière l'Angleterre (meilleur deuxième). Les Anglais, justement, entrent dans le tournoi le lendemain à Francfort. Un but contre son camp de Gamarra (3e) place le Paraguay dans une posture dont il ne se relèvera pas, même si, après une demi-heure de jeu, l'Angleterre disparaît de la circulation. « À cause de la chaleur », avance Frank Lampard. Son capitaine, l'optimiste David Beckham, estime que si « on continue comme ça, on sera vite qualifiés ».

Klose libère l'Allemagne face au Costa Rica.

L'Angleterre de Beckham débute par un succès face au Paraguay. Mais quel ennui...

La Pologne du gardien Artur Boruc mord poussière et gazon face à l'Équateur.

Nouvelle petite sensation nocturne avec le nul entre la Suède et Trinité-et-Tobago (0-0) au Westfalenstadion de Dortmund. « J'ai réalisé un triplé Ligue des champions-Cup-championnat avec Manchester United et j'ai de grands souvenirs de foot, confesse Dwight Yorke. Mais ce match contre les Suédois figurera aussi parmi mes meilleurs moments de footballeur. » En nocturne, la Côte d'Ivoire entre dans le « groupe de la mort » face à l'Argentine. À Hambourg, elle s'incline (1-2) malgré un but de Drogba. Saviola, l'ancien Monégasque, a ouvert le score, imité ensuite par l'inusable Crespo. « La différence, c'est que les Argentins ont concrétisé leurs occasions et pas nous », regrette Drogba. Les Pays-Bas, vainqueurs de la Serbie-et-Monténégro, mettent déjà la pression sur les Ivoiriens avant leurs retrouvailles de Stuttgart cinq jours plus tard.

L'Italie (qui bat le Ghana 2-0) et la République tchèque (vainqueur des États-Unis, 3-0) ont parfaitement démarré, tout comme le Portugal (1-0 face à l'Angola) et le Mexique (3-1 contre l'Iran) lorsque les deux derniers champions du monde apparaissent dans le tournoi. L'entrée de la France est minable (0-0) à Stuttgart face aux Suisses, celle du Brésil à Berlin est difficile mais gagnante malgré la résistance des Croates (1-0, but de Kaka).

▲ ***John Pantsil et Luca Toni font la fine bouche, mais ils le veulent ce ballon.***

▲ ***La "fourrure" de Larsson sur les épaules de Dwight Yorke. Trinité-et-Tobago marque son premier point en Coupe du monde.***

▲ ***Petit succès des Portugais de Pauleta sur l'Angola.***

▲ *Argentine-Côte d'Ivoire : Crespo crispe sa mâchoire et tend la jambe devant le Niçois Koné.*

▲ *Joie de Rosicky et Nedved face aux États-Unis. Attention à l'illusion.*

▲ *Kaka trouve la faille et le Brésil bat la Croatie.*

L'Angleterre tirée par les cheveux

Le mercredi 14 juin offre une belle démonstration des Espagnols face à l'Ukraine (4-0). À la 48e minute, Villa a déjà marqué deux fois, Xabi Alonso une. Fernando Torres conclut la marque à la 87e. « Je dois reconnaître honnêtement que je m'attendais à plus d'opposition de la part de notre adversaire », commente le sélectionneur espagnol Luis Aragones. Dans l'autre match de ce groupe H, à Munich, la Tunisie ne parvient pas à repousser l'Arabie Saoudite du vétéran Al-Jaber (2-2). Mais le sélectionneur Roger Lemerre est aussi content que son compatriote Raymond Domenech la veille : « On a gagné 1 point, selon moi. »
Cela dit, l'événement de cette journée se déroule plus au nord. À Dortmund, l'Allemagne reçoit la Pologne pour le choc du groupe A. Les Polonais sont beaucoup plus actifs que lors de leur première rencontre. Les Allemands sont beaucoup moins fébriles en défense, mais ne parviennent pas à marquer ce but qui les qualifierait quasiment pour les huitièmes. Il survient dans la minute d'arrêts de jeu, par Neuville (1-0). À cet instant, l'exceptionnel Westfalenstadion vibre littéralement dans une communion entre un public et son équipe, venue chercher une victoire et un acte fondateur. À partir de cet instant, l'Allemagne fait de nouveau peur. L'Angleterre, elle, se fait peur. Elle attend la 83e minute pour ouvrir le score face à Trinité-et-Tobago, via Peter Crouch, qui se hisse au-dessus de son adversaire en lui tirant les cheveux. Gerrard, dans les arrêts de jeu, assure le ticket anglais pour les huitièmes que l'Équateur, vainqueur du Costa Rica (3-0), a rejoint quelques heures plus tôt. Pour les Suédois, l'affaire n'est pas assurée, mais elle se précise grâce à un autre succès arraché en fin de match au Paraguay (1-0, but de Ljungberg à la 89e).

L'Argentine impressionne

L'Argentine, elle, n'attend pas les dernières secondes pour broyer l'adversaire. À Gelsenkirchen, elle punit la Serbie-et-Monténégro (6-0, doublé de Maxi Rodriguez, buts de Crespo, Cambiasso, Tevez et Messi) et devient le grand

▲ Chevtchenko et l'Ukraine prennent un coup de chaud d'entrée face à l'Espagne de Luis Garcia.
◄ À Dortmund, le patient labeur allemand face à la Pologne est récompensé via Neuville.
▼ L'Argentine de Messi a croisé le fantôme de la Serbie-et-Monténégro.

favori du tournoi. « Les Serbes étaient supposés être une vraie menace, donc cette victoire est importante, dit le coach José Pekerman, vainqueur du Mondial 1997 des moins de 20 ans. On a une grande équipe avec une réelle rage de vaincre. » Son homologue Ilija Petkovic annonce sa démission après le tournoi. Henri Michel devient lui aussi un sélectionneur menacé après la défaite, et donc l'élimination, des Ivoiriens face aux Néerlandais. À Stuttgart, Van Persie ouvre le score sur un coup franc puissant (23e). Quatre minutes après, Van Nistelrooy double la mise. Un raid conclu d'une belle frappe de Bakari Koné (37e) redonne un espoir à la Côte d'Ivoire qui a ensuite l'occasion d'égaliser sur un « deux contre un » mal joué par Drogba (43e). « On a bien joué, mais ça ne suffit pas toujours pour gagner, dit le capitaine des Éléphants. Mais je reste convaincu qu'on méritait une place au prochain tour. »
Le tableau s'éclaircit après une semaine de compétition : l'Allemagne, l'Équateur, l'Angleterre, l'Argentine, les Pays-Bas sont qualifiés. Le Mexique, qui concède un point à l'Angola, ne les rejoint pas tout de suite, contrairement au Portugal (2-0 face à l'Iran). L'Italie et les Tchèques sont attendus en huitièmes dès ce samedi. Ils vont attendre un peu. Le Ghana réalise une prestation complète et gifle la République tchèque (2-0). Les Black Stars sont relancés. « Peter Cech a empêché son équipe d'en prendre davantage, sourit le technicien serbe Ratomir Dujkovic, sélectionneur du Ghana. Mais il faut que je calme mes gars et qu'on se prépare tranquillement pour notre match décisif face aux Américains. » Il sera d'autant plus décisif que les États-Unis ne seront pas encore éliminés.
À Kaiserslautern, ils ont résisté à l'Italie. Gilardino ouvre pourtant le score de la tête (22e), mais Zaccardo dévie ensuite un centre dans son propre but (1-1, 7e). Pour un coup de coude idiot sur McBride, De Rossi est expulsé (29e) et les Américains prennent le contrôle du match. « De Rossi a commis une véritable erreur mais on réglera ça en famille, pas en public », dira Marcello Lippi, l'entraîneur de la Squadra Azzurra. La première grosse surprise proviendra-t-elle du Fritz-Walter Stadion ? Pas vraiment, car les États-Unis sont

▲ ***Drogba et les Ivoiriens ont tenu le choc face aux Néerlandais, mais sont encore trop naïfs.***

◀ ***L'Iranien Khatibi montre les dents, le Portugais Ricardo Carvalho les serre et c'est mieux finalement.***

▼ ***Keller est élu homme du match nul entre Américains et Italiens.***

▲ ***Raul et l'Espagne dominent la Tunisie de Boumnijel et sont déjà qualifiés.***

eux aussi rapidement à dix (Mastroeni sorti pour une agression sur Pirlo), puis neuf (Pope regagne le vestiaire après une faute sur Gilardino). Malgré cela, les Italiens ne parviennent pas à marquer. « On n'a pas été assez bons pour tirer profit de leurs deux cartons rouges », regrette Lippi. Ils doivent jouer leur qualification dans le dernier match, face aux Tchèques, dans un groupe où les quatre équipes ont encore de l'espoir.

L'Allemagne, maison Klose

Le Japon, lui, n'y croit plus. Même un succès contre le Brésil ne le qualifierait pas car sa différence de buts est défavorable par rapport à l'Australie. La faute à un nul contre la Croatie (0-0). Le Brésil, toujours poussif, reste efficace par Adriano et Fred, buteurs face aux Australiens (2-0). « Nous sommes en huitièmes et c'était l'objectif, résume Carlos Alberto Parreira, déjà champion du monde en 1994. Nous avons haussé notre niveau, même si la rencontre a manqué de rythme. On a dû se montrer patients pour pouvoir marquer. » Dernière « grosse » équipe à jouer ce dimanche 18 juin, la France, elle, ne peut se qualifier, mais peut être éliminée. Son nul sans relief face à la Corée du Sud (1-1) préserve ses chances, même si la Suisse prend le commandement du groupe le lendemain en battant le Togo (2-0). L'Espagne ne laisse pas passer l'occasion d'assurer son billet face aux Tunisiens (3-1, dont un doublé de Fernando Torres), même si elle a été menée jusqu'à la 71e minute. Si elle bat l'Ukraine (vainqueur de l'Arabie Saoudite, 4-0), la Tunisie sera qualifiée.

Avant les derniers matches de poules, la moitié des huitièmes de finaliste sont connus : Allemagne, Équateur, Angleterre, Argentine, Pays-Bas, Brésil, Portugal, Espagne.

Les Allemands, qui disposent de l'Équateur à Berlin (3-0), s'emparent de la première place de leur groupe et affronteront la Suède, qui contraint l'Angleterre au nul à Cologne (2-2). Le Portugal domine le Mexique (2-1) dans la « finale » du groupe D et apprend le soir même le nom de son adversaire : les Pays-Bas, qui ne sont pas parvenus à battre l'Argentine (0-0) dans un match au sommet finalement assez décevant. À Munich, sous des averses, les Ivoiriens, menés par la Serbie-et-Monténégro après vingt minutes de jeu (0-2), finissent par arracher le premier succès de leur histoire en Coupe du monde grâce à un penalty du Parisien Bonaventure Kalou (3-2, 87e).

Ronaldo rejoint Gerd Müller

Le jeudi 22 juin, à 16 heures, démarrent deux matches à l'issue incertaine : Ghana-États-Unis et République tchèque-Italie. À la 22e minute, Haminu Draman ouvre le score à Nuremberg pour le Ghana qui est alors premier du groupe. Quatre minutes plus tard, une tête de Materazzi donne l'avantage aux Italiens à Hambourg. À cet instant, ils devancent le Ghana, rejoint par les Américains juste avant le repos (Dempsey, 43e). Si les États-Unis l'emportent, ils se qualifient à la place de leur adversaire africain. Mais un penalty de Stephen Appiah, à la reprise, assure le succès ghanéen (47e, 2-1). Pendant ce temps, à Hambourg, les Tchèques ne parviennent pas à empêcher Filippo Inzaghi d'ajouter un deuxième but pour la Squadra Azzurra (2-0, 87e) et sont éliminés.

En terminant première de ce groupe F, l'Italie semble partie pour éviter le Brésil qui affronte en soirée le Japon à Dortmund. Après l'ouverture du score de Tamada sur la seule occasion nippone de la première période (34e), la Seleçao devient plus efficace et égalise juste avant le repos sur une tête de Ronaldo (45e+1). À la reprise, une frappe de Juninho, sur laquelle le gardien Kawaguchi échoue complètement, permet aux Brésiliens de prendre l'avantage (53e, 2-1). Le défenseur du Hertha Berlin, Gilberto, lancé par Ronaldinho, inscrit le troisième but (59e) avant que Ronaldo ne trouve à nouveau la faille (81e), égalant ainsi le record de l'Allemand Gerd Müller avec un total de quatorze buts marqués en Coupe du monde. Cicinho, l'arrière droit du Real Madrid, se réjouit du retour en forme de l'ancien attaquant de Barcelone : « C'est rassurant de voir que Ronaldo est toujours là quand on a besoin de lui. »

Les Brésiliens affronteront donc le Ghana en huitièmes de finale, encore à Dortmund, tandis que l'Italie retrouvera l'Australie, qui tient à distance la Croatie à Stuttgart. Pourtant, Srna ouvre vite le compteur croate (2e), mais Moore réplique avant le repos (38e, 1-1). Nico Kovac, à la 56e minute, remet les Croates devant et, surtout, à la deuxième place du classement. Ils ne parviendront pas à tenir la dernière demi-heure, Kewell obtenant le point du match nul (2-2, 79e) qui envoie les Australiens vers les huitièmes de finale. « Nous sommes passés par toutes les émotions durant ce match, dit Guus Hiddink,

▲ ***Et encore un doublé en Coupe du monde pour Ronaldo, face au Japon.***

▲ ***Coucou la caméra, coucou la Coupe du monde pour John Aloisi et l'Australie.***

▼ ***Match nul pour la Suède, qui résiste à l'Angleterre (tête de Larsson qui trompe Robinson).***

leur entraîneur. Nous sommes revenus deux fois au score. C'était une rencontre fantastique pour les supporters. Ils ont dû se régaler et beaucoup d'Australiens n'iront pas travailler aujourd'hui. » Huit pays ne peuvent en dire autant : les groupes G et H délivrent leurs billets pour le prochain tour en ce vendredi 23 juin. À 16 heures, l'Espagne, déjà qualifiée, affronte l'Arabie Saoudite à Kaiserslautern, mais l'éventuelle sensation peut venir de Berlin où, en cas de succès, la Tunisie éliminerait l'Ukraine. Dans les arrêts de jeu de la première période, Zied Jaziri est expulsé et la tâche se complique pour le champion d'Afrique 2004. L'arbitre oublie une main ukrainienne qui aurait mérité un penalty, mais en accorde un à la 70e minute pour une faute peu évidente du Strasbourgeois Haggui sur Chevtchenko. L'ancien Milanais transféré à Chelsea ne rate pas l'occasion et qualifie les Ukrainiens, deuxièmes de ce groupe H derrière l'Espagne, qui domine les Saoudiens grâce à un but de la tête de Juanito (36e, 1-0). « Nous aurions aimé passer le premier tour, regrette le sélectionneur de la Tunisie, Roger Lemerre, déjà sorti à ce stade en 2002 avec les Bleus. C'est bien d'apprendre, mais encore mieux de le faire en gagnant. Cette élimination nous déçoit tous beaucoup, que ce soit l'équipe ou moi. Mais je ne reviendrai pas sur l'arbitrage. Je fais mon travail et l'arbitre le sien. Il ne servirait à rien de donner mon avis, je ne suis pas en mesure de prendre les décisions sur le terrain. C'est l'arbitre qui les prend et il faut les accepter. »

L'Europe surreprésentée

En soirée, trois équipes espèrent encore se qualifier : France, Suisse et Corée du Sud. La France, en dominant le Togo (2-0, buts de Vieira et Henry) à Cologne, assure au moins la deuxième place de la poule tandis que la première revient à la Suisse, qui dispose des Coréens de Dick Advocaat à Hanovre (2-0, buts de Senderos et Frei). Le demi-finaliste de la Coupe du monde 2002 est une des rares victimes de marque de ce premier tour dont sortent tous les favoris, hormis la République tchèque. Cela n'empêche pas l'Europe d'être surreprésentée au moment d'aborder les huitièmes de finale avec dix qualifiés (Italie, Allemagne, Angleterre, Espagne, France, Pays-Bas, Portugal, Suède, Suisse, Ukraine), l'Amérique du Sud en plaçant trois (Argentine, Brésil, Équateur), l'Afrique un (Ghana), l'Océanie un (Australie) et l'Amérique centrale un (Mexique). Seule l'Asie est totalement absente. Et comme en 1998, hormis l'Uruguay, tous les pays champions du monde sont au rendez-vous d'un tournoi qui va, dès le lendemain, monter son niveau d'un cran.

ÉQUIPE DE FRANCE / Suisse • Corée du Sud • Togo

Un ouf de soulagement

C'est une ville rouge. Stuttgart la Souabe, la conservatrice, ne vit pas une révolution, juste une invasion. De supporters suisses. Ils ont traversé la frontière par dizaines de milliers pour supporter leur sélection qui ouvre son tournoi face à la France. Les Bleus sont plus discrètement soutenus. Comme si, huit ans plus tard, l'effet de mode 1998 avait définitivement disparu pour laisser la Coupe du monde 2006 aux vraies nations de football. Plus de 50 000 Allemands pour soutenir leur équipe lors du match d'ouverture, plus de 50 000 Anglais à Francfort face au Paraguay, plus de 40 000 Néerlandais à Leipzig pour Pays-Bas - Serbie-et-Monténégro, plus de 40 000 Brésiliens à Berlin pour les débuts des champions du monde face aux Croates.

L'impressionnant melting-pot, le mélange de couleurs et de langues qui traversent l'Allemagne du nord au sud, semble très peu concerner les fans français dont l'absence est évidemment remarquée. Pas de quoi arranger la paranoïa montante

Fabien Barthez prévient : les Français ont l'œil du tigre. À moins que ce ne soit une poussière.

du sélectionneur Raymond Domenech. Monsieur Raymond est persuadé qu'on ne l'aime pas, qu'on lui veut du mal et que son échec est attendu avec impatience. Il est convaincu que des journalistes espionnent ses séances d'entraînement à huis clos, cachés derrière des arbres et il a raison (ça fait partie de leur métier). L'ambiance de la caravane bleue ressemble à celle d'avant 1998. Tout est identique : un sélectionneur contesté, des joueurs critiqués et sifflés par le public lors de leurs matches de préparation. Tout est identique ? Oui, Fabien Barthez n'a toujours pas de cheveux. Non, Zinedine Zidane a moins de cheveux et court moins vite. Non, Lilian Thuram n'a toujours pas de cheveux et court moins vite. Non, Patrick Vieira n'a plus de cheveux et court moins vite.

Le nul à la perfection

À force de courir après son passé, la France du football marche un peu à côté de ses pompes et ne dégage aucune sérénité au moment d'entamer la compétition dans un groupe peu relevé. Écrasés par la chaleur autant que par l'enjeu, les Bleus, décidément, courent moins vite, quel que soit leur nombre de cheveux sur le crâne. Dès la 25e minute, une déviation de Frei effleure le poteau et les Suisses comprennent qu'il y a un coup à jouer. Titularisé pour la première fois, Franck Ribéry fait illusion pour ses coéquipiers en première période. Une reprise au-dessus (31e), puis un centre en retrait vers Henry sur lequel le défenseur lyonnais Müller écarte le ballon de la main (37e), permettent aux Français de comptabiliser deux tentatives offensives. Sinon, rien, hormis une belle opportunité, dans la surface, mais Vieira dévisse sa frappe (49e). Gygax est proche de l'ouverture du score (65e), mais une parade de Barthez sur sa ligne préserve le nul (0-0). Déjà, les Bleus savent qu'il leur faudra batailler jusqu'au dernier match pour espérer se qualifier. Cela n'entame pas le moral de leur sélectionneur qui se réjouit d'avoir « pris 2 points à un favori du groupe ». Raymond Domenech est un as de la rhétorique et il est bien décidé à se faire sa petite Coupe du monde dans ce domaine-là. Pour le reste, tout va bien donc et les Bleus sortent plutôt satisfaits de cette rencontre, la plus faible de toutes les premières confrontations de poules. « Notre première période a été parfaite, souligne Domenech. Je ne peux nier que j'aurais préféré 3 points, mais nous avons aussi très bien défendu sans encaisser le moindre but. »

▲ ***Zidane montre le chemin à Ribéry.***
▼ ***Même pas peur Barthez, sur ce ballon dévié par Frei vers son poteau.***

▲ ***Le gardien coréen regarde la Premier League à la télé, alors il sait tout de Henry.***

▼ ***Park a marqué, Gallas le sait, et voilà les Bleus rejoints au score.***

« Ta gueule, l'ancien ! »

Ce contentement ne trouve guère d'écho chez les spécialistes, souvent d'ex-champions du monde. Oubliant les leçons de conduite qu'ils ne manquaient pas de donner à leur « époque joueur », ils profitent de leur « époque consultant » pour expliquer ce qui ne va pas, ce qu'il n'y a qu'à faire, ce qu'il faudrait faire. À l'heure de la télévision par satellite, quelques remarques traversent les murs du château des Bleus, à Münchhausen, mais ne passent pas. Willy Sagnol, en conférence de presse, donne son avis sur les avis des autres. Il lance un « Ta gueule, l'ancien ! » qui fait débat. Qui est donc ce Sagnol pour brocarder nos héros ? Qui est donc ce Willy qui n'a rien gagné en Bleu, qui n'a pas donné assez de sa sueur au maillot bleu, de ses plumes au coq, pour tancer nos gloires du siècle dernier ? C'est tout le paradoxe des suiveurs suivistes qui réclament de l'ouverture, de la parole libre, mais entendent légiférer sur qui y a droit.

Par ce propos très musclé, le défenseur du Bayern vise Marcel Desailly qui, sur les ondes françaises, a du mal à cacher la pointe de jalousie qui l'a toujours titillé au sujet de Zidane. À Stuttgart, dans un match sans rythme, atone, il a surnagé, mais cinq jours plus tard, à Leipzig, vont commencer à se poser des questions sacrilèges sur le capitaine de l'équipe de France.

Dans l'ex-Allemagne de l'Est, c'est le fantôme de « Zizou » qui porte le brassard. L'ancien Bordelais passe à côté de son match, pourtant bien entamé avec l'ouverture du score rapide de Thierry Henry (9e). Ensuite, les Bleus marquent un second but par Vieira, mais il n'est pas validé (32e), ce qui semble leur trancher les jambes. Ils se mettent à reculer, à attendre une équipe coréenne pourtant très faible, très loin de celle qui fut demi-finaliste de la dernière Coupe du monde. La punition finit donc par tomber. Un centre de Seol, à droite, trouve au deuxième poteau Cho qui remet de la tête vers Park. Le milieu de Manchester United pousse le ballon dans le but (81e, 1-1). « Les Coréens n'ont jamais été dangereux et c'est pour ça qu'on est très déçu d'autant qu'on était serein et qu'on défendait bien avant ce but », regrettera Thierry Henry.

Dix minutes plus tard, au tout début des arrêts de jeu, David Trezeguet remplace Zidane. Le capitaine des Bleus est furieux lorsqu'il rejoint le banc, une fois de plus sans un regard pour le sélectionneur. Officiellement, il n'y a aucun malaise. Zidane serait davantage agacé par sa propre prestation. Il a de quoi car il a peu pesé sur le jeu et n'a créé aucune différence.

▲ *Carton jaune pour Zidane, qui sera donc suspendu face au Togo.*

▼ *Vous qui passez sans me voir…*

Les critiques sont sévères, mais pas injustes. Les experts expliquent soudain pourquoi il ralentit le jeu et, par ricochet, pourquoi sans lui face au Togo, lors du dernier match, les Bleus peuvent mieux jouer. Car Zidane a reçu un avertissement à chaque match et ne dispute donc pas celui de Cologne où les Togolais d'Otto Pfister attendent la France. Il faut une chronique intelligente de Bixente Lizarazu, dans *L'Équipe*, pour rappeler que la mémoire est une vertu autant qu'un don et qu'on ne peut accuser Zidane de tous les maux bleus après tout ce qu'il fit pour la sélection.

Sans Zidane, la France peut gagner

Elle se passe donc de lui pour cette rencontre décisive qui correspond à son 34e anniversaire. Le 23 juin est aussi la date de naissance de Patrick Vieira. Le jour de ses 30 ans, le Turinois sort un match énorme, répondant à l'attente de son coach : « Avant la rencontre, on peut dire qu'on est les meilleurs, que tout va bien, explique Domenech. Mais c'est aux joueurs de montrer ce qu'ils sont capables de réaliser. On est dans la même situation qu'en 2002 avec un dernier match capital et c'est un signe extraordinaire car on leur redonne une chance. Les joueurs peuvent prouver que c'était un accident. »

Cette fois, pas d'accident, même si la première mi-temps grince de toutes parts tellement les Français semblent coincés par l'enjeu. Ils ont beaucoup d'occasions (Trezeguet, 4e, 7e ; Ribéry, 14e, 28e), mais ratent tout. À la mi-temps, ils sont éliminés, même si les Suisses mènent 1-0 face à la Corée du Sud. Vieira débloque la situation en profitant d'une belle ouverture dans la surface de Ribéry (55e, 1-0). « C'est vraiment génial car Franck venait de manquer une super-occasion (53e, frappe au-dessus), mais il a eu la lucidité, sur le coup d'après, de ne pas vouloir se racheter à tout prix et de trouver la meilleure solution », se réjouissait Thierry Henry. Le Gunner est l'auteur du second but. Une ouverture de Sagnol trouve la tête de Vieira, qui dévie pour Henry à 6 mètres du but (61e, 2-0).

Les Bleus tiennent leur billet pour les huitièmes de finale. Ils ont sans doute accompli le plus dur. « Les trois équipes que nous avons rencontrées étaient très regroupées et nous attendaient, raconte Henry. C'est donc difficile de marquer des buts. Maintenant, ce sont des matches décisifs qui commencent et si tu ne sors pas de ton camp pour aller marquer, tu n'as aucune chance de te qualifier ; c'est un type de jeu qui pourrait mieux nous convenir. » Pour Raymond Domenech, qui trouve qu'il a « souvent raison avant tout le monde » et le constate une fois encore avec la prestation remarquable de Vieira, l'étape suivante se déroule à Hanovre face aux Espagnols. « Avec l'Allemagne et l'Argentine, c'est l'équipe qui a proposé le meilleur football au premier tour », reconnaît David Trezeguet. Pour en venir à bout, « on doit progresser dans le réalisme et concrétiser nos occasions », annonce Willy Sagnol.

Un autre tournoi commence. L'élimination au premier tour en 2002 devient définitivement un événement historique qu'on ne « pourra jamais effacer puisque ça s'est produit » (Henry), mais qui « n'est plus un traumatisme » (Sagnol). Jusque-là, les Français faisaient semblant d'y croire. Dans la nuit de Cologne, il y avait une lueur différente dans leurs regards.

▼ ***Ribéry ou quand la relève sonne la charge.***

▲ *Agassa n'agacera pas longtemps Vieira.*

▼ *Malouda sourit, Henry ouvre ses oreilles : beaucoup de bruit pour rien ce premier tour ?*

COUPE DU MONDE / France • Espagne

Les pitres et le colosse

C'est désormais une obligation, tout simplement. Juste le devoir pour les Bleus de montrer sinon autre chose, du moins quelque chose. Car de la France, on n'a encore rien vu dans cette Coupe du monde et elle le sait. « Tout doit être amélioré, reconnaît Willy Sagnol. Pour atteindre notre objectif, on ne pourra pas se contenter de jouer comme contre la Suisse ou la Corée du Sud. »
À l'instant où le défenseur du Bayern Munich prononce cette phrase, l'équipe de France est une formation de pitres, un agrégat de vieilles gloires qui disputent la compétition de trop, un groupe qui peut se satisfaire de son parcours avant de laisser les vrais tauliers de ce Mondial s'expliquer entre eux.
À l'heure où elle pénètre sur la pelouse du stade de Hanovre pour s'échauffer, sept des huit quarts de finalistes sont connus. Le Brésil vient d'éliminer le Ghana (3-0) à Dortmund. Ronaldo, qui a ouvert le score, a dépassé l'Allemand Gerd Müller et est désormais le meilleur buteur de l'histoire en Coupe du monde (15 buts). Adriano et Zé Roberto sont les deux autres réalisateurs de la Seleçao. La veille, l'Ukraine, aux tirs au but, s'est débarrassée de la Suisse et de l'Italie, sur un penalty de Totti dans les arrêts de jeu, a écarté

▼ ***Regardez bien ce brassard, c'est celui du capitaine.***

▲▲ *Klose et Ballack ne sont pas là pour rigoler, mais pour renvoyer la Suède chez elle.*

▲ *Ronaldo n'est pas trop gros pour le Ghana ; le Brésil, si.*

▲▲ *Maxi Rodriguez dans ses oeuvres : le Mexique ne s'en relèvera pas.*

▲ *Il y a aussi eu un but lors de Portugal-Pays-Bas et le voici, signé Maniche.*

▲ ***Zidane et Ribéry, buteurs face à l'Espagne.***
▶ ***Puissance, adresse, finesse, vitesse : Ferraribéry mérite son surnom.***

l'Australie. Le Portugal, grâce à Maniche, a sorti les Pays-Bas (1-0) à l'issue d'un match dégoulinant d'arrogance et de cartons (4 expulsions, 16 avertissements) et l'Angleterre est passée petitement grâce à un coup franc de Beckham (1-0) contre l'Équateur. L'Argentine aussi a eu du mal à sortir du piège mexicain, poussée en prolongation, mais délivrée à la fin de celle-ci par une volée magnifique de Maxi Rodriguez (2-1). L'Allemagne a fourni l'impression la plus solide en démantelant la Suède en un quart d'heure et en déroulant une première période proche de la perfection (2-0).

Ribéry, jeune tonique

Alors, les Bleus ont-ils leur place parmi les huit meilleures nations du monde au moment d'affronter l'Espagne, décrite comme impressionnante au premier tour, joueuse, jeune et douée ? « C'est la meilleure équipe d'Espagne que j'aie jamais vue », annonce Raul, qui a une idée du déroulement du match : « Je crois que nous sommes supérieurs aux Français, on aura la possession du ballon et on va les faire souffrir. » Oui, l'Espagne est favorite et, en soi, c'est incongru. Parce que l'Espagne, comme l'Angleterre, est une petite sélection qui n'a rien démontré depuis des décennies et parce que cette fois, les Bleus n'ont plus peur. Cette peur, qui, depuis l'échec coréen de 2002, ne les a jamais vraiment quittés en compétition officielle, n'habite plus leur château où, claquemurés, ils ont décidé d'aller ensemble au bout de leur aventure. Un grand joueur comme Raul sent ces choses-là : « Jusque-là, la France n'a pas joué à son vrai niveau et c'est la seule appréhension qu nous ayons car d'un match à l'autre, tout peut changer et si ça se passe comme ça, ce sera compliqué. »
Compliqué, ça le sera pour les Espagnols. Pas tout de suite, puisque le ballon est à eux dans

22
adidas

VIEIRA

SERGIO RAMOS

les premiers instants d'une partie que les Bleus ont entamée sur les talons avec un seul attaquant, Thierry Henry, soutenu par Zidane. Peu avant la demi-heure de jeu, Thuram commet dans la surface une faute inutile et grossière sur Pablo Ibanez, dos au but et pas dangereux. Villa frappe le penalty dans le petit filet droit de Barthez (28e, 0-1). Dans une heure, c'est la sortie. Fin de carrière pour Zidane et d'autres, annulation du rendez-vous du 9 juillet pour Domenech, fin des espérances d'audiences gigantesques pour les télévisions, de recettes publicitaires démentes pour les journaux. Cette perspective ne plaît à personne, sauf en Espagne évidemment. Mais comme le rappelait Raul la veille du match, « l'histoire n'est pas avec les Espagnols » et cette fois encore, elle va s'écrire sans accent tonique. Tonique, Ribéry l'est et son accélération sur l'ouverture de Vieira aurait presque creusé un tunnel sous les Pyrénées. C'est juste le filet de Casillas qui est troué par le tir de l'intérieur du gauche du Marseillais (41e, 1-1).

Poussière d'étoiles

Les Espagnols ne sont pas dans le sens de l'histoire, les Bleus reviennent de la pause dans le sens de la marche. Ils sont la force, comme revenus du côté obscur, soudainement stupéfiants de maîtrise, d'assurance et de confiance. « Notre premier but les a fait douter, analyse Claude Makelele. Après le repos, ils ont tout de suite reculé. » La prolongation est ce qui pourrait arriver de mieux à l'Espagne quand un coup franc de Zidane sectionne ce dernier espoir. Xabi Alonso effleure la balle des cheveux, Vieira la reprend de la tête. Elle est touchée par Sergio Ramos, mais entre dans le but ibère (83e, 2-1). « Nous sommes impardonnables de l'avoir laissé sans marquage », regrettera l'entraîneur espagnol Luis Aragones. Zidane, parce que le sport semble aimer les symboles, conclura la marque d'une frappe croisée à l'entrée de la surface dans les arrêts de jeu (3-1, 90e+2). « On a su gérer le match et profiter de leur inquiétude croissante pour les inquiéter davantage au fil de la rencontre », se réjouit Raymond Domenech.

Un colosse s'est redressé. Ses pieds n'étaient même pas d'argile, ils étaient de poussière, mais une poussière d'étoiles. Les pitres ne sont plus. Les Bleus n'amusent pas, ils font peur et ils le savent.

◄ ***Casillas et Sergio Ramos n'ont pas besoin d'huissier pour constater que la tête de Vieira vient de finir dans leur but.***

◄▼ ***Pas encore de retraite pour Zidane qui envoie ses amis espagnols en vacances sur une dernière chevauchée.***

▼ ***Mankowski, Henry et Domenech dans une attitude très espagnole.***

Le maître donne la leçon

▲ ***Zidane, Ronaldo et Ronaldinho : conciliabule de Ballons d'Or.***

Le rétroviseur. France-Brésil 1986, France-Brésil 1998. Regarder derrière, transpirer d'une nostalgie rassurante, se souvenir d'une fièvre éphémère dont on aurait aimé ne pas guérir. La vie est cruelle avec l'amoureux du sport, condamné à l'émotion de l'instant, au bonheur d'un moment qu'il ne pourra jamais reproduire. Alors, quand le plat repasse, il fait semblant de croire que l'histoire recommence, qu'elle peut se répéter. Après tout, la formule est magique : France-Brésil.

L'intuition de Parreira

France-Brésil 2006. Les deux derniers champions du monde. La revanche du 12 juillet 1998. « L'essentiel n'est pas là, tonne Raymond Domenech le Français. Vous en faites ce que vous voulez de 1998, mais nous on est en 2006. » Carlos Alberto Parreira le Brésilien, sacré en 1994 aux États-Unis, est dans un registre identique, presque dans un roman d'anticipation même : « La France a retrouvé son meilleur jeu et sa meilleure équipe dès son premier match important... » Le Brésil n'a pas encore disputé de match important. La Croatie, l'Australie, le Japon et le Ghana sont les victimes qu'il a laissées sur le bas-côté de son chemin victorieux jusqu'en quart de finale. Sa légende le suit de loin, de très loin sur ce même chemin où le quintuple champion du monde n'a rien montré dans le jeu, où il a failli à sa réputation de troupe d'artistes du ballon. Le Brésil ne répond pas aux attentes du mythe et on le lui reproche. « Pourquoi serions-nous la seule équipe à devoir offrir du spectacle ? répond Parreira. On demande à toutes

▲ *Même si Ronaldo est brésilien, un petit coup du sombrero, ça ne se refuse pas.*

▼ *La situation est compliquée avec Kaka dans le dos, mais Zidane montre à Abidal comment on peut s'en sortir.*

les équipes de gagner et à nous, il faudrait demander du show ? La France, elle aligne cinq Zidane et cinq Henry ? » Un de chaque sera bien suffisant.

Zidane, la passe décisive

Le rétroviseur est cassé. Football samba ? Où ça ? French flair ? Où donc ? Le Waldstadion de Francfort est le théâtre d'un combat, un pré sur lequel les duels se multiplient. Au milieu de tout ça, il y a un virtuose. Il n'est pas brésilien. Il est Zinedine Zidane. Il est la gloire d'une génération française, il est le passé victorieux d'une nation qui ne savait que perdre joliment. Mais ce soir du 1er juillet, il est l'instant de bonheur, le plaisir du jeu, l'amant de la balle. Elle se refuse aux Brésiliens comme si elle n'aimait que lui. Éconduit, Ronaldinho ; repoussé, Kaka ; esquivé, Ronaldo ; malmené, Roberto Carlos ; abandonné, Cafu. Ribéry : « Ils ne nous ont quasiment jamais mis en danger jusqu'au but. »
Le but ? Quel but ? Quel but, justement ! L'heure de jeu approche. À 30 mètres de la cage de Dida, côté gauche, Zidane envoie le ballon dans le paquet, ou plutôt derrière le paquet. Thierry Henry surgit et, du droit, ouvre le score (57e, 1-0). Première passe décisive de Zidane à Henry. Après, Adriano entre en jeu, reconstituant le « carré magique » de la Seleçao (Ronaldinho-Kaka-Adriano-Ronaldo) qui tourne alors en rond et bute sur les angles droits de Français qui ont retrouvé leur marque de fabrique : le bloc équipe labellisé par Aimé Jacquet. « Pour jouer contre les Brésiliens, il faut savoir défendre, car eux savent très bien attaquer et on ne peut pas aller au combat face à cette équipe de manière désorganisée, rappellera Domenech après le match. Les joueurs ont gagné par leur rigueur, leur discipline, leur solidarité énorme. Le Brésil est fort avec le ballon, alors moins on le lui rend, mieux c'est. On ne lui a pas permis de nous user par sa possession de balle. »

Barthez : « Un match propre »

Sur un contre, Ribéry a l'occasion de plier le match, mais bute sur Dida (70e). Après, ça se passe plutôt de l'autre côté. Une frappe manquée de Robinho (81e), un tir à ras de terre de Ronaldo rejeté en corner par Barthez (86e), un coup franc au-dessus de Ronaldinho (89e). Les arrêts de jeu vont s'achever. L'aventure brésilienne en Allemagne aussi. Celle des Bleus continue. Les voici en demi-finale pour la quatrième fois en sept Coupes du monde. Seule l'Allemagne a fait mieux. « Ce soir, on a montré que cette équipe de France n'était pas finie », dit Henry. « Il fallait faire un match énorme et on l'a fait, enchaîne Zidane. On s'est serré les coudes, on a tenu physiquement. » « Ça a été un match particulièrement propre, très bien maîtrisé », selon Barthez. « Maintenant, il faut aller chercher cette place en finale, reprend Zidane. Parce que là, c'est tellement bon qu'on ne peut pas s'arrêter. »
À peine la performance digérée, les Bleus se recentrent sur l'objectif. « Ça vous paraît idiot, le 9 juillet, mais c'est notre but, redit Domenech. C'est une étape géniale d'avoir battu le Brésil, mais ça ne reste qu'une étape. La réussite, elle n'existera que le 9 juillet et on n'a pas le droit de dire qu'on est contents de notre Coupe du monde. » Depuis le temps qu'il évoque ce 9 juillet... Lirait-il vraiment si précisément les astres, ce mage Raymond ? Lui répond comme un artisan : « En ne lâchant pas ses idées, en ne relâchant pas ses efforts, on arrive à quelque chose de super. » La leçon est belle.

▼ ***Pour préparer les vacances qui approchent, Ronaldo fait des pompes.***

▲ *Tous les regards tournés vers l'aérien Henry qui s'apprête à marquer.*
◀ *Sagnol et Barthez vont continuer à danser.*

Rendez-vous le 9 juillet

Encore des retrouvailles. À cet étage-là du football mondial, c'est un peu comme en soirée mondaine : on croise toujours un peu les mêmes, sauf qu'après, sur la photo dans le journal, tout le monde ne rigolera pas. Le Portugal ne donne pas envie de se marrer. Les Pays-Bas ont subi sa loi ; l'Angleterre, championne de la médiocrité, a été écartée aux tirs au but. Chaque fois, une averse de cartons s'est abattue sur la pelouse et les Portugais traînent donc dans leur sillage une réputation de tricheurs. « Ne les réduisez pas à cela, s'agace Domenech. Ils savent livrer un autre spectacle et auront à cœur de le prouver. Ils ont beaucoup de talents individuels, savent s'accrocher et faire déjouer l'adversaire. »

Scolari : « On peut rêver. »

D'après William Gallas : « Ils vont tenter de nous déstabiliser. Ils ont cette capacité à énerver l'autre... On a bien vu contre l'Angleterre, ils aiment bien plonger. » « Dire cela de nous est une contre-vérité, répond Luis Felipe Scolari. Depuis trois ans et demi, nous avons reçu deux cartons rouges, c'était dans le même match, face aux

▼ ***Bientôt la retraite pour Figo et Zidane. L'un des deux y sera effectivement après la rencontre.***

Pays-Bas, en huitièmes. » Finaliste de l'Euro 2004 face à la Grèce, le Portugal est venu confirmer en Allemagne l'émergence d'une génération exceptionnelle. Troisième de la Coupe du monde 1966, à l'époque d'Eusebio, il rêve d'un sacre emmené par l'entraîneur champion du monde en titre. « Je pense qu'on est plus forts qu'en 2004, annonce le Barcelonais Deco. Et moins fatigués qu'à l'époque où l'épopée européenne de Porto avait conduit beaucoup d'entre nous à disputer beaucoup de matches dans la saison. »

Dévoré par l'ambition, le désir de reconnaissance, le Portugal touche au but, persuadé que les retours de suspension de Deco et Da Costa lui redonneront la capacité à se projeter vers l'avant qui l'a caractérisé depuis le début du tournoi. « On est dans les quatre meilleurs, alors maintenant, on peut rêver », dit Scolari qui replace pourtant vite les choses dans leur contexte : « La France est le pire adversaire que nous pouvions rencontrer. Tous les joueurs ont des capacités techniques élevées. Et une finale ne serait pas forcément plus dure que la demi-finale. » La dernière marche est « toujours la plus haute », selon Raymond Domenech : « On a toujours peur de trébucher aussi près du sommet. Le côté " tout ça pour en arriver là " installe la pression. »

Le capitaine fracasse

La pression, six Français l'ont particulièrement. Vieira, Zidane, Sagnol, Thuram, Ribéry et Saha seraient suspendus pour le match d'après en cas de carton jaune – ce qui arrivera à Saha, coupable d'un tacle dangereux à la 87e minute. Cinq Portugais sont dans cette situation. Ce n'est pas ce qui conduit la rencontre à un duel de maçonnerie. Le travail est défensif, surtout du côté des Bleus qui semblent plus émoussés physiquement que face au Brésil quatre jours plus tôt. « Les Portugais ont eu beaucoup le ballon, mais ne se sont pas vraiment créé d'occasions », dira Thuram. Une première frappe de Deco, repoussée par Barthez (4e), un tir de Maniche au-dessus (9e). Le début de rencontre penche vers le but français, mais rien de grave. Rien de dangereux, rien de palpitant. Juste du stress. Jusqu'à la 33e minute. Dans la surface, Henry est accroché par Ricardo Carvalho. Penalty, décide l'Uruguayen M. Larrionda. « S'il existe des

▲ Cristiano Ronaldo casse les pieds de Gallas dans le Championnat anglais et c'est bien suffisant, semble dire le défenseur de Chelsea à l'attaquant de Manchester United.

▼ Deco peut-il effacer à la fois Makelele et Vieira?

raisons pour que l'Amérique du Sud soit honteuse, c'est à cause d'arbitrage de ce type », s'emportera Scolari après la rencontre.
Le capitaine français ne s'emporte pas. Zinedine Zidane a placé le ballon sur le point blanc. Il a pris peu d'élan et sait où il va placer son tir. Comme en demi-finale de l'Euro 2000, sur la droite du portier portugais. Ricardo est parti du bon côté mais ne peut toucher le ballon (1-0, 33e). Après cela, ce n'est plus de la maçonnerie, c'est de la serrurerie de haut niveau avec les Portugais dans le rôle des chercheurs de clés. Mais on n'est pas à Fort Boyard. Ici, c'est Munich, l'Allianz Arena, et personne ne les aidera à trouver. Thuram a peut-être l'âge du père Fouras, il est intraitable. Zidane n'est pas dans son registre de créateur, mais dans celui du premier défenseur, gênant la relance adverse, organisant le replacement de son milieu de terrain et particulièrement celui de Ribéry, prié d'aider Sagnol à museler Cristiano Ronaldo.

Thuram : « Un gamin de 10 ans »

À la reprise, une frappe de Henry oblige Ricardo à concéder un corner (48e). Trente minutes après, sur un coup franc flottant de Cristiano Ronaldo, Barthez réalise une curieuse manchette que Figo a suivie, mais la tête du capitaine portugais passe au-dessus. Le Portugal n'ira pas en prolongation. Les Bleus verront Berlin dimanche. « Nous sommes fiers d'être en finale, mais il faut surtout la gagner », conclut sobrement Domenech. « C'est énorme ! se réjouit Malouda. Mais il ne faudrait pas tomber dans l'euphorie. » Les Français sont trop fatigués pour cela. « On n'a pas fait un grand match, mais on a su les contrôler après l'ouverture du score, dit Lilian Thuram. Il y avait un problème de relance, on perdait vite le ballon, mais l'équipe est restée calme et sereine. »
Élu homme du match, le défenseur turinois de 34 ans a l'impression d'être « un gamin de 10 ans qui regarde la Coupe du monde à la télé ». Pourtant, le 9 juillet, lui et les autres ne seront pas devant la télé. Ils seront dedans.

▲ ***Ricardo Carvalho tire le maillot de Thuram, mais l'essentiel n'est pas là ; l'essentiel est au-dessus car le ballon de Figo n'est pas cadré.***
▶ ***Ricardo n'est pas encore à terre, mais le Portugal le sera bientôt car Zidane a marqué.***
▼ ***Hommage en carton aux prédictions de Domenech par des supporters français.***

Angleterre et Argentine au tapis

Le premier quart de finale de la Coupe du monde est une finale. Allemagne-Argentine. Deux équipes qui ne se sont plus croisées depuis 1990, lors du succès de la Nationalmannschaft à Rome. Les Argentins prennent l'avantage sur une tête d'Ayala (49e). Ils arrêtent ensuite de jouer, reculent et redonnent confiance aux Allemands, sans doute les seuls au monde à pouvoir centrer mille fois devant le but en pensant que ça finira par rentrer. Ils ont raison car un centre de Ballack dévié par Borowski profite à Klose, qui inscrit son dixième but en deux Coupes du monde (80e, 1-1). Aux tirs au but, dans un stade olympique bouillant, les Allemands ne flanchent jamais. Ayala et Cambiasso, eux, se heurtent à Jens Lehmann.

L'Allemagne est en demi-finale pour la huitième fois depuis 1966. L'Italie la rejoint très vite en disposant de l'Ukraine (3-0), sympathique apathique qui aura donné dans le béton tout en s'en remettant au seul talent individuel de Chevtchenko. Insuffisant pour empêcher Toni (deux buts) et Zambrotta (ouverture du score à la 19e) de qualifier la Squadra Azzurra.

Dans l'autre partie du tableau, le Portugal et l'Angleterre se livrent une rencontre rude et sans fair-play. Rooney est expulsé pour s'être essuyé les crampons sur les parties intimes de Ricardo Carvalho, Beckham sort blessé. La séance de tirs au but est fatale à l'Angleterre. Lampard, Gerrard et Carragher sont victimes d'un Ricardo en grande forme. Quarante ans après, le Portugal rejouera une demi-finale de Coupe du monde.

▲ Encore une Coupe du monde qui se termine mal pour Beckham et l'Angleterre.
▼ Les Allemands crient leur joie à Berlin. Aux tirs au but, ils ont écarté l'Argentine en quart.

COUPE DU MONDE / France • Italie

Éternelle Italie

Berlin, c'est vrai, attendait autre chose. D'autres gens. Des Allemands, en fait. Berlin espérait la voir, sa Nationalmannschaft, ce 9 juillet. Bien sûr, la capitale allemande l'a vue, porte de Brandebourg, où plus d'un million de personnes ont acclamé Jürgen Klinsmann et son équipe, vainqueurs la veille à Stuttgart du Portugal (3-1) dans la petite finale. Pour la vraie, la grande, le peuple d'Allemagne doit se contenter de l'Italie, impitoyable en demi-finale. « Il y a eu deux exploits dans cette compétition, disait Raymond Domenech, le sélectionneur français. Le succès français face au Brésil et l'élimination de l'Allemagne à domicile par les Italiens. » Dans la prolongation, Grosso (119ᵉ) et Del Piero (120ᵉ+1) ont converti l'ascendance de la Squadra Azzurra pendant toute la rencontre.

Duel de serruriers

L'Italie s'avance donc ici face aux Bleus qui, encore cette fois, jouent en blanc. Les deux meilleures équipes du tournoi, les plus solides en tout cas, sont sur la pelouse du stade olympique. « Elles se valent, prévient le technicien transalpin Marcello Lippi. Cette génération de joueurs italiens n'a rien gagné pour l'instant. Les Français, si, avec la Coupe du monde 1998 et l'Euro 2000. La question est de savoir qui aura le plus faim. Nous serons à table avec notre fourchette et je peux vous dire que nous voulons notre part du gâteau. » Deux mois après les révélations d'un scandale de matches arrangés dans son championnat, l'Italie peut mettre la

▼ ***Sagnol, Barthez, Zidane et Cannavaro entrent sur la pelouse de Berlin.***

touche finale à un conte onirique. « Jamais nous n'aurons d'autre occasion d'être champion du monde », martèle Lippi.
En apparence moins grandiloquent, Domenech ramène l'instant à une obligation professionnelle : « Il faut gagner pour partir en vacances tranquilles. » Les Bleus ont quitté la veille leur château. Un mois d'enfermement, de repli sur soi va s'achever dans la fureur et les larmes. Pour l'heure, il n'y a que l'habitude, la routine, l'illusion de la maîtrise des événements. « Je n'ai pas écouté, pas lu ce qui concernait le foot depuis un mois, annonce le sélectionneur français. C'était le seul moyen. Et les joueurs sont toujours dans cette espèce de bulle qu'ils ont construite. Leur objectif n'est pas d'expliquer ce qu'ils font, mais de le faire. Ils ont tellement souffert des critiques après la Coupe du monde 2002 qu'ils ont " fermé ". »

Coup de maître

Fermer. Fermer le jeu. Voilà en quoi excellent les deux finalistes, où il faut d'abord savoir défendre. Le match qui les oppose est donc un affrontement. Lancé dès la première minute par Cannavaro dont l'épaule met Henry KO. Les Bleus s'en relèvent car, quelques instants plus tard, Malouda, dans la surface italienne, est touché par Materazzi. Zidane se présente face à Buffon pour le penalty. Presque au centre, « à la Panenka », le ballon touchant la barre avant d'entrer dans le but. Pour la deuxième fois en huit ans, la France mène une finale de Mondial grâce à son numéro 10 (7e). Pas longtemps. Un corner de Pirlo, à gauche. Materazzi domine Vieira dans les airs et égalise (19e, 1-1). Rien d'injuste tant les Français reculaient, perdaient le ballon, tant les Italiens construisaient intelligemment, bouchaient les espaces en attendant le moment de piquer. Une tête de Toni, sur la barre (35e), rappelle qu'ils ont la partie en main, mais la pause sauve les Bleus. Après, les voilà différents. Même si Vieira, blessé, cède sa place à Diarra (56e), l'organisation française domine celle de l'Italie, qui a perdu en volume physique et s'étiole au fil des minutes.
Un vol plané de Zidane lui coûte une douleur à l'épaule. On murmure le nom de Beckenbauer, son bras en écharpe lors de la demi-finale de 1970. Comme si, en manque d'instants de

▲ ***Le penalty "à la Panenka" de Zidane a trompé Buffon.***
▼ ***Barthez foudroyé par la tête de Materazzi.***

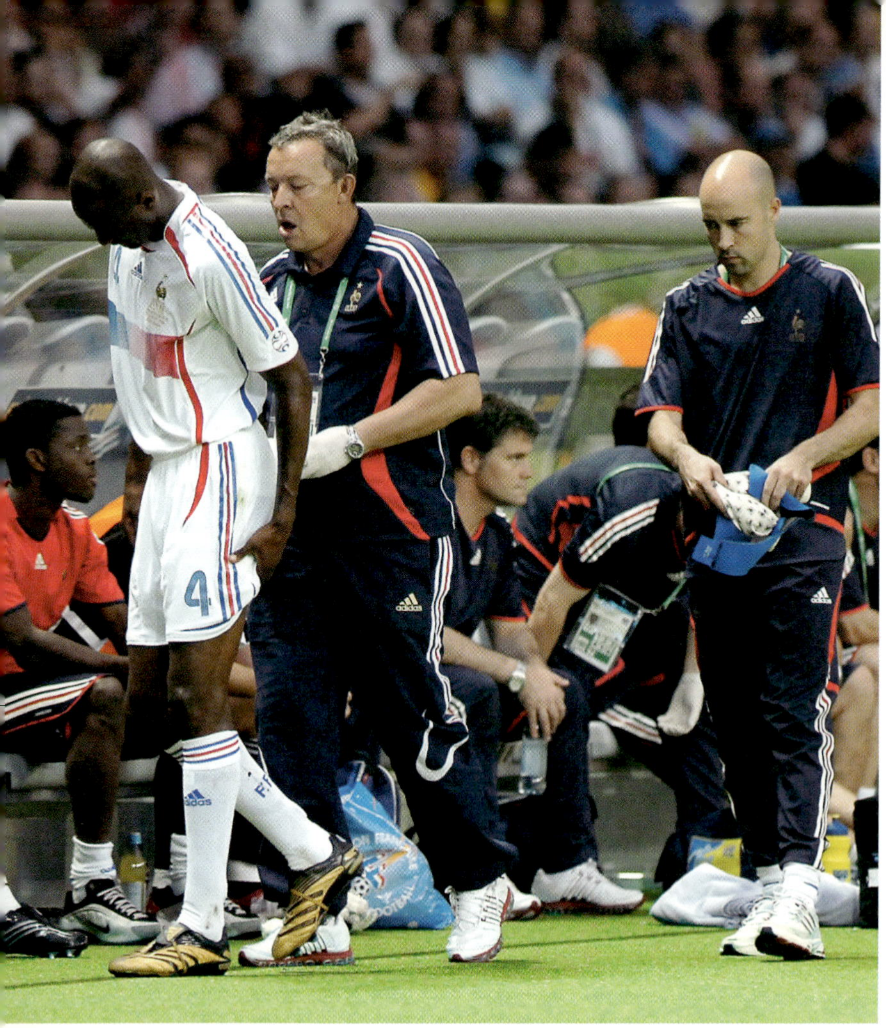

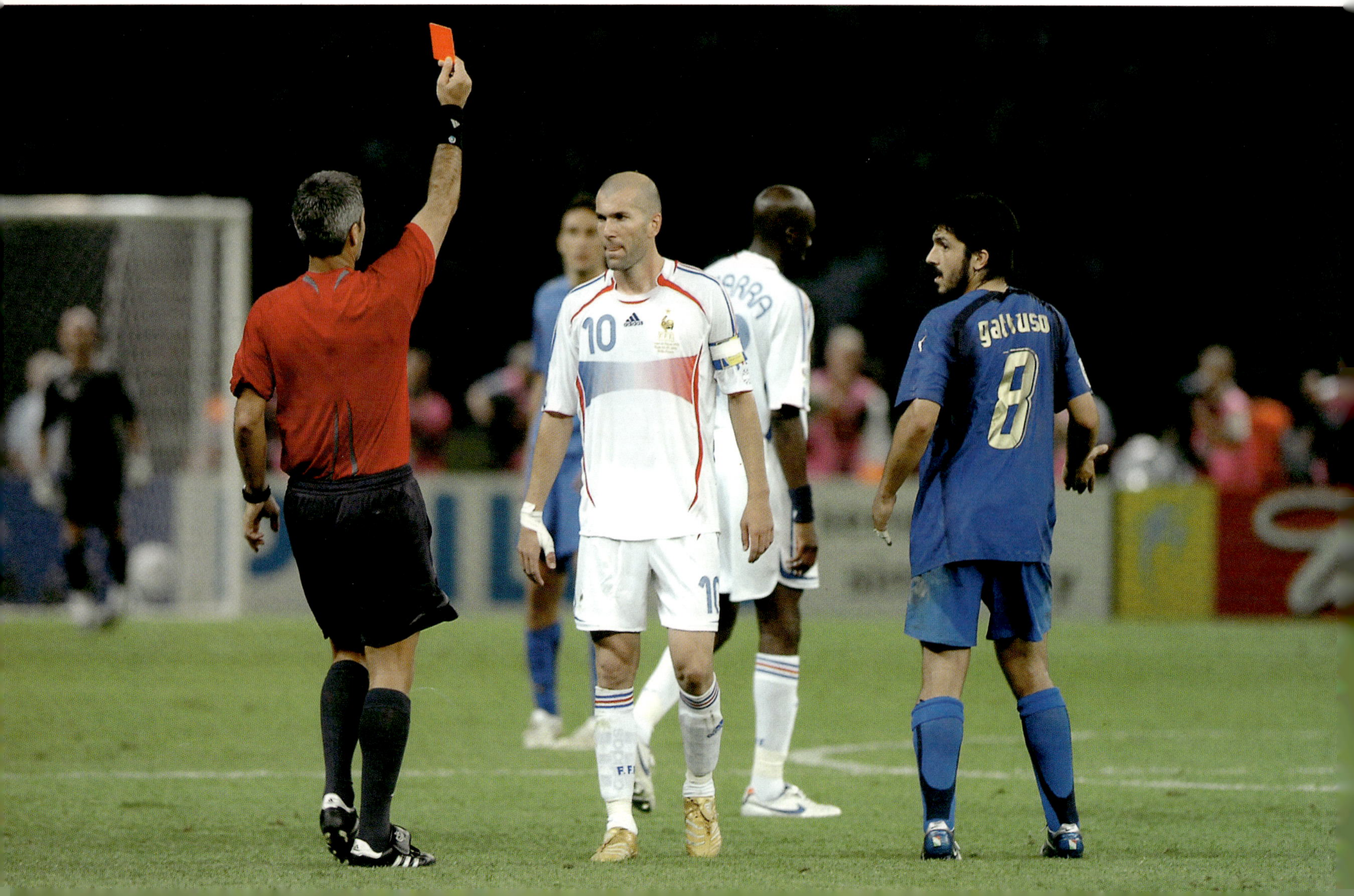
10
gattuso
8

légende, il fallait en appeler à la nostalgie, bâtir sur l'imagination plutôt que s'en tenir aux faits. Car l'épaule du capitaine des Bleus est vite sur pied. Elle supportera bien la prolongation.

Coup de tête

Elle est entamée depuis dix minutes lorsqu'une tentative de Ribéry part à ras de terre et à ras du poteau gauche de Buffon (100e). Quatre minutes plus tard, un centre parfait de Sagnol trouve Zidane, seul dans la surface. Sa tête est cadrée, mais plein axe et Buffon, d'une claquette, la sort (104e). Encore un coup de tête, six minutes plus tard. Sur un replacement anodin, Materazzi glisse une amabilité à l'oreille de Zidane. Il assène un coup de crâne, façon taureau, dans le plexus de l'Italien. Expulsion (110e).

Sur la route des vestiaires, l'ancien Bordelais passe à côté de la Coupe du monde. Elle n'a pas choisi son camp et attend, comme les Italiens exténués, les tirs au but. Wiltord a marqué le sien. La deuxième frappe, celle de Trezeguet, est renvoyée par la barre. Les réussites de Makelele et Sagnol retardent juste le bonheur d'en face. Car Grosso, dernier tireur italien, ne tremble pas. Dans les filets de Barthez, la quatrième étoile de l'Italie après les titres de 1934, 1938 et 1982. « Nous avons eu un brin de réussite, c'est sûr », reconnaît Buffon, mais « quelle émotion fantastique ! » savoure Cannavaro.

L'émotion est différente dans le camp français. « Tout le monde a pu voir qu'on était meilleurs qu'eux, même s'il est vrai qu'ils nous ont mis en danger pendant le premier quart d'heure sur les coups de pied arrêtés », analyse Gallas. Le propos est aigre, à l'image d'une fin de soirée qui est aussi la dernière de la carrière de Zinedine Zidane. « Je suis triste qu'il finisse comme ça, car j'ai beaucoup d'estime pour lui », dit son ancien entraîneur à la Juventus, Marcello Lippi. Les autres aussi, après tout, ont droit aux contes de fées.

▲◀◀ ***Les muscles de Vieira l'ont lâché avant l'heure de jeu.***
▲◀ ***L'épaule de Zidane souffre, mais a l'habitude de porter un certain poids.***
▼◀ ***L'arbitre argentin Horacio Elizondo prend la décision qui s'impose. Zidane le sait, Gattuso aussi.***
▲ ***Ce soir du 9 juillet, Zidane est passé à côté de la Coupe du monde dont il a été désigné meilleur joueur.***
▼ ***Trezeguet a frappé, mais cette fois, la barre choisit Buffon.***

FIFA
2006 FIFA World Cup™
FIFA WORLD CUP
GERMANY
2006

▲◀ *Le podium de cette Coupe du monde est presque inattendu. L'Italie d'Inzaghi, Camoranesi et Zaccardo revient de si loin.*
▼◀ *La France de Trezeguet, Boumsong, Silvestre, Ribéry et Wiltord aurait aimé aller un pas plus loin.*
▼▶ *L'Allemagne, troisième avec son effectif de minots (9 joueurs de moins de 23 ans), est pour une fois contente même si elle n'a pas gagné.*
◀ *Il était peut-être écrit dans une boule de cristal que la Coupe du monde, en 2006, récompenserait des hommes qui, comme Francesco Totti, aiment mettre un fichu sur leur tête.*

COUPE DU MONDE

La cote des 32 nations

1. Italie

19/20

Elle ne sait pas que défendre. Sa capacité à se projeter vers l'avant, notamment grâce à Pirlo, est un modèle. Malgré la crise de son Championnat, elle a arraché son quatrième titre.

2. France

18/20

Impensable au vu du premier tour. Et pourtant, le courage, l'abnégation et l'intelligence ont mené les Bleus à leur deuxième finale en huit ans. Malgré la déception, c'est une belle réussite.

3. Allemagne

17/20

Klinsmann est allé au bout de son projet pour amener une équipe très jeune sur le podium avec un des footballs les plus agréables du tournoi.

4. Portugal

16/20

Personne ne l'attendait si haut. Elle a confirmé son Championnat d'Europe (finaliste). Elle a exprimé des ambitions qui porteront leurs fruits dans l'avenir.

5. Ukraine

15/20

Médaille d'or de l'ennui, avec un Chevtchenko éteint. Mais elle a disputé un quart de finale pour sa première participation. C'est plus qu'honorable.

6. Argentine

14,5/20

Trop éblouissante au premier tour ? Courageuse face au Mexique, elle a oublié de jouer quand il le fallait face aux Allemands, perdant alors ses illusions aux tirs au but.

Jürgen Klinsmann : un homme, une idée, un projet. Et, toujours, l'envie de jouer et d'avancer.

7. Ghana

14/20

Trop focalisés sur les Ivoiriens, nous avons oublié le Ghana, qui a cédé contre le Brésil sans être complètement hors sujet. Une équipe sortie d'un groupe dur (Italie, États-Unis, République tchèque) qui mérite les félicitations du jury.

8. Australie

13,5/20

Guus Hiddink, le coach néerlandais, a bien fait de venir. Heureusement que l'Australie était là pour que le Commonwealth existe dans ce Mondial...

9. Mexique

13,5/20

Une équipe courageuse qui a posé des problèmes à tous ses adversaires, y compris Portugais et Argentins qui les ont éliminés en prolongation. Une belle surprise.

10. Équateur

13/20

Une belle équipe, sortie deuxième du groupe de l'Allemagne aux dépens de la Pologne. Avec un peu plus de réussite, elle aurait éliminé les Anglais, qu'elle a dominés, dès les huitièmes.

11. Suisse

12,5/20

Première de son groupe, elle a rempli son objectif et elle n'a cédé en huitièmes qu'aux tirs au but.

12. Brésil

12/20

Finaliste des trois dernières Coupes du monde, la Seleçao s'est effondrée dès qu'elle a croisé la route d'un adversaire coriace (la France en quarts). Hormis Ronaldo, ses stars étaient des fantômes.

13. Suède

11,5/20

A fait le minimum en se qualifiant encore pour les huitièmes, mais n'a jamais convaincu dans le jeu et, surtout, s'est liquéfiée face à l'Allemagne qu'elle aurait dû inquiéter.

14. Angola

11/20

Une seule défaite, courte (0-1) face au Portugal et des nuls face au Mexique et à l'Iran. Pas mal pour une première.

15. Trinité et Tobago

10,5/20

En accrochant la Suède (0-0), ce pays d'un million d'habitants a réussi sa Coupe du monde. Jamais ridicule contre le Paraguay et l'Angleterre.

16. Pays-Bas

10/20

Actuellement, la nation la plus arrogante du football international. Chambre l'adversaire dès qu'elle mène au score, ne renverse pas le cours des événements lorsqu'elle est menée. Loin, très loin de sa « légende ».

17. Angleterre

9,5/20

Depuis 1966, l'Angleterre n'a jamais atteint la finale d'une compétition majeure. Un effectif de stars qui a développé un des footballs les plus soporifiques du tournoi.

18. Côte d'Ivoire

9/20

Un groupe difficile dont elle aurait pu sortir si elle n'avait pas été aussi naïve contre les Pays-Bas (1-2). Tout tourne autour de Drogba. Trop.

19. Espagne

8,5/20

Beaucoup d'ambitions après un premier tour tonitruant mais en trompe l'œil. A confirmé qu'il ne faut pas compter sur elle dans les grands rendez-vous.

20. Paraguay

8/20

Avec un duo d'attaque Valdez-Santa Cruz évoluant « à domicile » (ils jouent en Bundesliga), le Paraguay pouvait viser une nouvelle qualification pour les huitièmes (la troisième d'affilée). Raté.

21. Corée du Sud

7,5/20

Demi-finaliste en 2002, la Corée du Sud est rentrée dans le rang même si elle a accroché la France en phase de poule. Elle n'a pas su profiter d'un contexte qui lui était favorable.

22. Tunisie

7/20

Pénalisée par l'arbitrage face à l'Ukraine, qu'elle aurait pu éliminer, la Tunisie a amoindri ses chances dès son premier match face à l'Arabie Saoudite. Une petite déception.

23. Costa Rica

6,5/20

Pas ridicules en ouverture face à l'Allemagne (2-4), les Costaricains n'ont marqué aucun point mais trois buts. Ce n'est pas si mal pour un si petit pays d'à peine quatre millions d'habitants.

24. Arabie Saoudite

6,5/20

Dépassés face à l'Ukraine (0-4), les Saoudiens ont du mal à exister au très haut niveau. Mais saluons Al-Jaber (163 sélections) qui a marqué lors des phases finales de 1994, 1998 et 2006.

25. Iran

6/20

Minée par des conflits internes, l'Iran a traversé le Mondial en transparence alors qu'elle avait les moyens d'être un trouble-fête.

26. Pologne

5/20

Fade, elle est passée à côté de l'événement alors qu'elle pouvait prétendre à une place en huitièmes de finale. Deux buts marqués seulement...

27. Croatie

5/20

Intéressants contre le Brésil (0-1), les Croates ont ensuite sombré, incapables de gagner contre le Japon et l'Australie dans un groupe où la deuxième place leur semblait pourtant promise.

28. États-Unis

4,5/20

Comme les Japonais, les Américains, pourtant intéressants face à l'Italie (1-1), ne démontrent aucune progression. Dommage.

29. République tchèque

4/20

Nedved, Rosicky, Koller, Baros, Cech : en voilà des stars rentrées très vite à la maison avec un seul succès, face aux États-Unis.

30. Japon

4/20

Voilà une sélection toujours aussi naïve et qui, finalement, n'a montré aucun progrès depuis dix ans. Elle régresserait plutôt.

31. Togo

3,5/20

Le feuilleton des primes accordées (ou non) aux joueurs, celui des faux départs de son sélectionneur Otto Pfister : la sélection togolaise a confondu comedia dell'arte et Coupe du monde.

32. Serbie-et-Monténégro

2/20

Elle aurait pu être une agréable surprise. Cette équipe qui n'existera plus (Le Monténégro est désormais indépendant) a été insignifiante, encaissant dix buts en trois matches.

ÉQUIPE DE FRANCE / Côte d'Ivoire

Zizou, c'est fou !

Dans la France meurtrie de l'été 2005, France râleuse du non à l'Europe, France groggy de la défaite de Paris pour l'organisation des Jeux Olympiques 2012, France inquiète pour son avenir malgré l'été et les vacances, l'information fait l'effet d'une joyeuse bombe. Il n'y a que du bonheur dans l'annonce, lancée à la volée le 3 août à 16 heures, sur son site Internet par Zinedine Zidane.

La veille, Jean-Pierre Escalettes, président de la Fédération française de football, ne cachait pas, sinon son pessimisme, du moins ses doutes : « Ne pas aller à la Coupe du monde serait une catastrophe. On joue à la roulette russe. Si on se qualifie, ce sera par les cheveux. » Et puis, soudain, ces mots qui claquent comme un étendard au vent, ces mots impensables et pourtant tellement réfléchis : « J'ai choisi de revenir chez les Bleus. Je reviens sur une décision sur laquelle j'étais catégorique. »

Et Zidane le prophète scelle une nouvelle alliance : « L'équipe de France m'a tellement donné, que j'ai envie de l'aider. »

Non, ce n'est pas une blague, non, ce n'est pas un poisson d'avril égaré en août. Pourtant même son meilleur ami Christophe Dugarry tombe des nues et exprime son incrédulité : « Je n'y crois pas. Ça peut paraître ridicule, mais je ne n'y crois pas. En juin, il était catégorique. J'attends de le voir sous le maillot bleu pour y croire. »

Alors comment expliquer un tel revirement ? Le lendemain, en Autriche, où il se trouve en stage avec le Real Madrid, Zidane en dit un peu plus, sans lever tous les coins du voile : « Je suis parti

▼ *Pour ceux qui ne le savent pas, Zidane est un héros admiré.*

▲ ***Les « anciens » font un carton.***
◄ ***Pour son retour, Zizou est efficace.***

en vacances avec ma femme et mes enfants. Longtemps. Nous étions au Canada. J'étais tranquille. J'ai enfin pu réfléchir à tête reposée. » Puis il embraye sur le rôle du sélectionneur : « Domenech est venu à Madrid et je l'ai vu à Paris. Sa démarche était forte. Il m'a touché. J'ai envie de vivre et de revivre. J'ai envie d'être heureux sur le terrain. J'ai envie de transmettre aux gens qui m'entourent des sentiments forts. »

Makelele et Thuram dans ses bagages

Tout cela est presque trop beau pour être vrai. Et tellement inattendu. Les meilleurs analystes en sont eux-mêmes désarçonnés. Zidane s'ennuierait à Madrid quand ses coéquipiers – quasiment tous internationaux – partent en sélection. Zidane prend conscience du temps qui passe et des moments délicieux qui vont s'envoler. Zidane est amoureux de la France. Zidane obéit à ses sponsors. Zidane a entendu des voix qui lui ordonnaient de revenir (« J'étais comme interdit devant cette force qui dictait ma conduite et j'ai eu comme une révélation », peut-on notamment lire dans les colonnes du magazine *France Football*, au cœur d'une étonnante confession sur laquelle il reviendra sans convaincre personne, évoquant alors un « coup de fil » de son frère à 3 heures du matin).
En vérité, peu importent les raisons. Que ce soit pour jouer les Jeanne d'Arc ou pour échapper au cocon familial, que ce soit pour respecter un engagement citoyen ou pour multiplier les joies enfantines avant de les perdre définitivement, que ce soit pour se faire plaisir ou pour faire plaisir, Zidane revient et soudain l'horizon bleu foncé redevient bleu clair.

Car Zizou ne revient pas tout seul. Dans ses bagages, il embarque Claude Makelele, ravi de l'aubaine, et Lilian Thuram qui, lui, n'est pas enchanté. Il n'a guère apprécié que le leader emblématique fasse l'annonce à sa place, et la perspective de côtoyer Raymond Domenech ne l'emballe pas non plus.
« Domenech m'a dit : "En tant que sélectionneur, je dois aligner la meilleure équipe possible." Quand j'ai reçu la convocation, je dois avouer que j'étais énervé. Un peu plus qu'énervé même », raconte le défenseur de la Juventus, qui fait contre bonne fortune mauvais cœur. « Je l'accepte parce qu'une sélection en équipe de France ne se refuse pas, ajoute-t-il. Je ne suis pas un ingrat. Je ne veux pas la guerre, je ne veux pas de problèmes. »
Qu'il y soit pour beaucoup ou pour pas grand-chose, Raymond Domenech a réussi en tout cas un fameux coup. « À un moment, c'était complètement impossible de les ramener parce qu'ils étaient cuits, explique-t-il. Mais j'y ai toujours cru et c'est redevenu possible. »
Et voilà comment un France-Sénégal au Stade de France devenu en juillet un France-Côte d'Ivoire à Montpellier prend soudain une importance considérable. Voilà comment d'une location mollassonne on passe à un rush sur les billets d'entrée. Voilà comment la France se passionne pour un simple match amical.
Domenech rend publique une liste de 21 joueurs qui intègre les trois revenants : « On peut se réjouir d'avoir réussi un recrutement aussi intéressant à l'intersaison », dit-il avec humour. Il vient de recevoir le renfort de 231 sélections. « Si ça n'augmentait pas nos chances de qualification pour la Coupe du monde, ce serait bizarre », analyse Thierry Henry.

Son 27e but en bleu

Le 17 août 2005, onze ans jour pour jour après sa première sélection (le 17 août 1994, l'équipe de France avait fait 2-2 contre la République tchèque, grâce à deux buts d'un remplaçant nommé Zidane) et dans un torrent de ferveur populaire, Zizou effectue de nouveaux débuts. « Il jouera milieu axial comme au Real », annonce Domenech, forcé d'en passer par certaines exigences du revenant.
Avec sa ligne d'attaque Dindane (Lens), Kalou (Paris SG), Drogba (Chelsea), la Côte d'Ivoire d'Henri Michel a belle allure. « On va essayer d'être un bon sparring-partner », indique modestement Didier Drogba.
Devant 32 000 spectateurs et près de 10 millions de téléspectateurs, record absolu pour un match de ce type, l'équipe de France atone de la saison précédente retrouve de l'énergie et des couleurs. En dépit de la blessure de Thuram, remplacé par Squillaci dès la 23e minute, elle s'impose largement (3-0). Pourtant Drogba a déjà eu sa chance à trois reprises, notamment sur une frappe en lucarne parfaitement sauvée par Coupet (19e), quand enfin la France ouvre le score. Sur un corner de Wiltord, la reprise de la tête de Gallas est impeccable (28e).
Mais le grand bonheur survient en seconde période. Sur un nouveau corner de Wiltord, le gardien ivoirien Tizié rate sa sortie. Et qui se trouve au second poteau pour reprendre victorieusement le ballon ? Zidane bien sûr, qui inscrit son 27e but en bleu (62e). « Du gauche, comme mon premier but en bleu il y a onze ans », dira-t-il. Un exploit personnel de Henry (66e) alourdit l'addition.
Après coup, Zidane parle d'un « retour de rêve ». Thuram concède que l'instant était « assez émouvant ». Et Henry ajoute : « C'est surtout le plaisir qui est de retour. »
Toujours aussi inspiré, Domenech invente de jolies phrases à propos de cette France dont la moyenne d'âge avoisine les 30 ans : « En fait, ils avaient 20 ans et moi 21, car l'entraîneur doit toujours être plus vieux. On a tous senti qu'il s'est passé quelque chose dans une ambiance que l'on n'avait pas connue depuis un an. Tout le monde a trouvé sa place. »
« On va tout faire pour aller en Coupe du monde », conclut-il. Ce n'est plus avec la peur au ventre, mais avec l'espoir chevillé au cœur, qu'il assène cette phrase tellement banale, tellement ressassée, tellement convenue et soudain devenue tellement forte, tellement enthousiasmante, tellement convaincante.

▼ *Barthez ou Coupet ? Là, derrière le ballon, c'est le Lyonnais.*

▲ *Français et Ivoiriens figés devant l'instant où le « maître » marque.*

▼ *Thuram n'est pas revenu que pour danser avec Drogba.*

▼ *Henry est le troisième buteur français.*

Par la petite porte

▲ ***Inquiet Domenech ? Mais non, cet homme sait où il va...***

« Finies les palabres, les explications et tout ce qui ne sert à rien. On va connaître la vérité de l'équipe de France dans ces quatre matches. » D'une certaine façon, Raymond Domenech y va par quatre chemins au moment de lancer la décisive campagne d'automne des Bleus. Mal embarqués dans un groupe voué aux matches nuls, les Français doivent chercher à l'extérieur les butins qu'ils n'ont pas su accumuler à domicile. Pour un tel challenge, le retour des anciens ne sera pas de trop. « On ne vient pas pour le fun ou pour voir les copains », rappelle Claude Makelele.

Évacuant le débat autour du pouvoir (qui est le vrai patron : Domenech ou Zidane ?), Zizou le bien-aimé se concentre sur le jeu : « À nous d'être intelligents, à nous de bien gagner. La manière est importante. Bien gagner, ça veut dire d'abord bien jouer. »

Domenech est moins ambitieux au pied d'un faux obstacle nommé Iles Féroé, des insulaires que ses joueurs reçoivent à Lens : « À partir de 1-0 et 3 points, je serai content. »

Ce soir-là, dans une ambiance formidable, les Français se « contentent » d'un 3-0. L'affaire est vite pliée. Djibril Cissé ouvre le score de la tête sur un service de Malouda (13ᵉ). Un centre de l'attaquant de Liverpool pousse ensuite S. Olsen à la faute pour un but contre son camp (18ᵉ). Zidane, Henry – pas trop content sur ce coup-là – et Thuram ont déjà été remplacés quand Cissé inscrit en force le troisième but, sur un centre de Wiltord (76ᵉ).

Le match nul entre la Suisse et Israël resserre le classement. La Suisse, l'Eire et la France comptabilisent chacune 13 points en sept matches. « Nous restons dans la course, explique Domenech. Nous avons raté quelques occasions, mais on les réservait pour l'Irlande. » « Ce n'est

▲ *Cissé, auteur d'un doublé contre les Féroé.*

▲ *Henry, Zidane et Giuly se reposent.*

pas si mal, analyse Zidane, mais à Dublin il faudra être plus efficace. »

À peine les Bleus ont-ils posé le pied sur le sol d'Irlande qu'ils sentent la pression monter. « Répondre au défi physique c'est bien, mais nous devrons apporter notre touche technique », explique Boumsong. « Si on se contente de tacler, de sauter, d'attendre et de subir, on va finir par craquer, prévient Domenech. On a les moyens d'échapper au combat pour proposer autre chose. »

Deux fois, en 1977 et 1981, avec Platini à leur tête, les Bleus ont disputé à Dublin des rencontres qualificatives pour le Mondial. Et deux fois ils sont repartis battus.

Henry est un génie

Avec un seul joueur – Boumsong – âgé de moins de 28 ans, ces Bleus d'expérience y mettent tout leur cœur, et même la main qui va dessus au moment de *la Marseillaise*, joli piège inventé par l'humoriste Gérald Dahan. Celui-ci s'est fait passer pour le président Jacques Chirac, alors hospitalisé, pour demander ce geste de soutien qui irritera beaucoup la troupe bleue.

▲ *Pour Irlande-France, les Bleus ont la main sur le cœur, mais c'est pour rire.*

▲ ***À Dublin, l'homme providentiel s'appelle Henry.***

La tempête annoncée souffle d'emblée. Malgré un dispositif prudent – Henry évolue seul en pointe –, les Français multiplient les petites erreurs techniques et sont rudement secoués. Entre un coup franc de Zidane que Given sort de sa lucarne (8ᵉ) et une reprise de Vieira au ras d'un poteau (43ᵉ), ils ne sont jamais dangereux et souvent en danger.

Un coup franc de Reid percute un poteau de Coupet (13ᵉ). Quand Thuram perd un ballon facile, Robbie Keane n'est pas loin d'obtenir un penalty (16ᵉ). Coupet stoppe magnifiquement une frappe de Morrison. Chargés de bloquer les côtés, Dhorasoo et Wiltord sont en grande souffrance.

La mi-temps est chaude dans le vestiaire bleu où chacun avance sa solution sans qu'une unanimité se dégage. « Débat signifie réflexion. C'est la marque des grandes équipes », dira plus tard Domenech.

En attendant, Thuram doit encore sauver devant Duff (55ᵉ) et Zidane, qui souffre des adducteurs, donne l'impression de boiter. Mais les Irlandais s'essoufflent un peu. C'est l'heure du coup de génie pour Thierry Henry. Protégé par Wiltord qui fait écran, il expédie de 20 mètres un petit bijou de frappe enroulée qui mystifie Given (68ᵉ). L'Irlande est au tapis. Zidane peut quitter le terrain et laisser sa place à Malouda (71ᵉ).

« S'il n'y avait eu que l'exploit d'Henry nous n'aurions pas gagné, explique Domenech. Il y a surtout eu une vraie équipe de France sur le terrain, une équipe qui a pris son destin en main. Henry est l'addition de nos talents. »

Dans leur vestiaire, les Bleus ont poussé un cri de guerre, preuve de leur unité retrouvée et de leur soulagement. « Le foot est paradoxal, raconte Henry. J'étais en jambes contre les Iles Féroé et je n'ai pas marqué. Ce soir, c'était l'inverse. C'était dur devant. On n'avait pas le ballon. Il fallait accomplir quelque chose. C'est ce que j'ai fait. »

« On n'a pas livré un grand match, reconnaît Zidane. On n'a pas trop joué. Mais gagner est la plus belle des choses. Nous pouvons être fiers et heureux. Il faudra répéter cette performance en Suisse. »

Une victoire à Berne qualifiera la France à coup sûr. Mais Domenech n'a pas encore quitté Dublin qu'il modère déjà les enthousiasmes : « L'Irlande a un jeu prévisible. Difficile à contrer, mais prévisible. La Suisse sera beaucoup moins prévisible. »

Les blessures appartiennent également au domaine de l'imprévisible. Et celles qui, dans

le prolongement de cette victoire en Irlande, frappent Henry et Zidane, ne manquent pas d'inquiéter. L'attaquant d'Arsenal est forfait. Le meneur de jeu du Real, arrêté trois semaines, effectue un timide retour en Liga pour la dernière demi-heure d'un match contre Majorque, une semaine à peine avant le défi suisse.
Et David Trezeguet, qui a purgé deux matches de suspension, se blesse lui aussi et jette l'éponge. Quant à Thuram, il souffre toujours des adducteurs.

28 minutes de bonheur

Domenech ne cache pas son désarroi : « Quand j'ai vu comme ça tombait, j'ai fermé la télé en me disant on verra demain. Quand je me suis levé, j'avais la gueule de bois. »
Comme si cela ne suffisait pas, c'est curieusement le moment que choisit Platini, moderne statue du Commandeur, pour jeter un pavé dans la mare : « On a rappelé les anciens. On ne construit rien. »
Avant de penser au futur, il s'agit pourtant de gérer le présent. Depuis 1993 et un triste match contre la Bulgarie, la France n'a perdu qu'un seul de ses 36 matches qualificatifs à un Mondial ou à un Euro, et aucun à l'extérieur où sa solidité n'est plus à prouver.
Malgré les absences et les incertitudes, Domenech a retrouvé le moral : « Ça arrive dans tous les clubs et dans toutes les sélections que des joueurs ne s'entraînent pas normalement avant un match. Ce n'est pas aussi important qu'on veut bien le dire. Ce qui compte, c'est l'envie. »
Avec Wiltord en pointe, quand tout le monde attendait Cissé, et Dhorasoo et Malouda pour encadrer Zidane, c'est une équipe de France prudente qui entame la rencontre.
Comme en Irlande, elle traverse une première période éprouvante, durant laquelle elle ne se crée aucune véritable occasion. Thuram, qui a décidé de jouer à l'issue de l'échauffement, est en difficulté. Plusieurs fois, Frei file dans le dos de la défense bleue. Quand Makelele stoppe irrégulièrement Vonlanthen qui part seul au but (12e), c'est avec soulagement qu'il voit M. Hauge, l'arbitre norvégien, sortir un simple carton jaune. « À la limite, il aurait pu me mettre un rouge », reconnaîtra le joueur de Chelsea. Bousculés, les Français ne parviennent pas à conserver le ballon. Makelele joue avec prudence, Vieira n'est pas vraiment dans le coup et Zidane, très loin de sa meilleure forme, est étranglé par le marquage de Vogel.
La seconde période débute avec le remplacement de Dhorasoo par Cissé. Coaching réussi.

▲ ***Frei se fraye un chemin devant Dhorasoo.***
▼ ***Boumsong a une sacrée détente.***

Lancé par Wiltord, l'attaquant de Liverpool évite Muller puis profite d'une mésentente entre le défenseur suisse et son gardien Zuberbühler pour ouvrir le score (52e). Encore une fois pas malheureuse, la France est qualifiée pour le Mondial allemand. À condition de conserver son avantage. La Suisse pousse. Coupet est impeccable. Thuram a retrouvé son punch. La France contre. Zuberbühler empêche Cissé de réussir le doublé (72e).
Quand la Suisse obtient un coup franc à 30 mètres sur la droite du but français, le danger n'est pas énorme. Hélas, Thuram dévie légèrement de la tête la lourde frappe de Magnin, ce qui suffit à tromper Coupet (80e) et à reporter la qualification à une date ultérieure.
Une seule certitude. Si elle bat Chypre, la France disputera au moins les barrages réservés aux seconds des groupes. Et si la Suisse ne gagne pas en Irlande, une simple victoire sur les Chypriotes la qualifiera. Mais si d'aventure, la Suisse l'emporte par un but d'écart, la France devra battre Chypre par au moins cinq buts d'écart.

▲ ***Wiltord et Zizou remercient Cissé, encore buteur.***

▼ ***Thuram a dévié le coup franc de Magnin : la Suisse égalise.***

▲ ***Dhorasoo, un des buteurs contre Chypre.***

▲ ***Giuly et Zidane fêtent la qualification.***

Given, allié providentiel

Ces calculs d'épicier suffisent à ternir la joie des Bleus qui se sont vus beaux durant 28 minutes. « Nous avons su souffrir et nous accrocher, commente Domenech. Compte tenu de ce que l'on a vécu cette semaine, c'est quand même bien. »
Zidane, qui a raté une balle de 2-1 à l'ultime minute, ne masque pas une petite contrariété : « Il y a forcément un peu de déception », dit-il. « On est évidemment déçus, lâche Thuram. Il ne restait que 10 minutes. » Quant à Coupet, ennemi de la langue de bois, il dresse un constat sévère : « C'est un mauvais résultat. On voulait gagner. À force d'être acculés sur notre but... Dans le vestiaire, l'ambiance était glauque. » Makelele concède que « le nul a été difficile à vivre pour tout le groupe ».
Domenech est obligé de composer avec ce vague à l'âme : « Les joueurs s'étaient tous mis dans la tête que ce serait fini dès ce soir. Il y a donc de la déception. »
Quatre jours plus tard, le Stade de France affiche complet pour voir ses Bleus défier un adversaire moins modeste qu'il y paraît. Dans ce groupe, les Chypriotes n'ont jamais été battus par plus de trois buts d'écart.
« Il ne faut pas croire que le "hourrah football" avec un paquet de joueurs dans l'axe nous aidera à marquer plus de buts », prévient Domenech obligé de toute façon de composer avec les moyens du bord.
Govou, Cissé et Wiltord forment la ligne offensive. Et Zidane a retrouvé le moral : « Ma prestation n'a pas été celle que j'espérais à Berne, mais là ça va beaucoup mieux », dit-il.
Compte tenu de l'environnement, la France domine nettement. Avec 22 tirs au but à 6, elle a de quoi creuser largement la différence. D'ailleurs, à la mi-temps, elle mène déjà 3-0 malgré la sortie de Vieira (25e) blessé et remplacé par Diarra. Sur un long centre de Sagnol, Zidane ouvre le score d'une reprise en force (29e). Wiltord, servi par Cissé, bat ensuite Morphis d'une frappe piquée (32e). Le troisième est pour Dhorasoo d'un extérieur du droit croisé (44e).
Pourtant, l'avalanche attendue en seconde période n'aura jamais lieu. Parce que Cissé se montre ce soir-là d'une rare maladresse, gâchant à lui seul une bonne demi-douzaine d'occasions franches. Parce que Zidane, tenaillé par ses adducteurs, ne joue pratiquement plus que du pied gauche. Et quand Giuly, du plat du pied droit à la réception d'un centre de Zidane (84e), marque le quatrième et dernier but, les Bleus ignorent que quelques instants plus tôt à Dublin, Frei, parti seul défier Given, a buté sur le gardien irlandais devenu en la circonstance un allié essentiel.

Qualifiés et ronchons

L'Irlande et la Suisse font match nul (0-0). La route vers l'Allemagne est dégagée. Zidane a réussi son pari et Domenech préservé son avenir. Pour la douzième fois de son histoire et la troisième consécutive, la France participera à une phase finale de Coupe du monde.
Pourtant, au coup de sifflet final, nulle manifestation de joie. C'est même dans une ambiance délétère que les anciens regagnent rapidement le vestiaire, tandis que Coupet et Diarra sont les seuls à saluer le public. Thuram repousse Vieira venu l'étreindre. Sagnol tente de retenir le Turinois qui s'en va et se contente d'une déclaration lapidaire : « On m'avait rappelé pour avoir plus de chances de se qualifier. Voilà, c'est fait. » Quant à Zidane, il se mure dans le silence.
Du coup, Domenech ne trompe pas grand monde lorsqu'il affirme : « Quand on voit la joie des joueurs dans le vestiaire, pas exubérante mais profonde, c'est un vrai bonheur. »
Le lendemain, il reconnaît que « le public méritait que les joueurs aillent le saluer ». « Mais ils sont un peu comme moi, ajoute-t-il. Le vrai bonheur c'était d'avoir gagné en Irlande. Maintenant, j'ai une mission, un objectif : la finale de la Coupe du monde, le 9 juillet 2006 à Berlin. »

À cœur et à cris

▲ ***En Martinique, Anelka a eu sa chance et a su la saisir.***

Cela aurait pu être, cela aurait dû être, une simple bonne action doublée d'un voyage exotique pour affronter un adversaire qui ne l'est pas moins. Comme il s'agit de la France et des Français, cela devient une affaire qui manque de balayer tous les beaux sentiments.

Quand Raymond Domenech décide d'amener ses Bleus en Martinique, pour rencontrer le Costa Rica, il est sûr de bien agir. La recette reviendra aux familles des 161 victimes locales du crash aérien survenu quelques mois plus tôt au Venezuela. L'idée est noble. Elle n'est pas inattaquable. La date choisie – le 9 novembre – ne figure pas dans les rendez-vous internationaux programmés par le calendrier. Trois jours plus tard, la France doit accueillir l'Allemagne au Stade de France. En guise de compensation, les internationaux rejoindront leurs clubs une semaine avant leur match de championnat à venir.

«Je trouve que c'est une connerie, lâche l'entraîneur de Lyon Gérard Houllier. Il faut que Raymond Domenech soit cohérent. Il dit que les joueurs disputent trop de matches et il veut les emmener en Martinique après un cycle de sept matches en vingt jours.»

« Si ça se confirme, je ne serai pas content et je demanderai que Thierry Henry n'y aille pas. Ce match est nocif pour les clubs et les joueurs. C'est scandaleux, inexplicable », embraye Arsène Wenger l'entraîneur d'Arsenal.
« Je tombe des nues, réplique Domenech. J'ai essayé de trouver un bon équilibre pour tout le monde. » Le sélectionneur est en difficulté. Une fois n'est pas coutume, ses joueurs volent à son secours. L'équipe de France compte une importante colonie antillaise. « J'espère que le match se jouera, dit Lilian Thuram. Vu ce qui s'est passé, on ne devrait même pas se poser de questions. » « Si c'est pour les familles des victimes, j'y vais », déclare William Gallas. « J'aurai une immense joie à aller en Martinique. Je me vois mal rater ce match », affirme Thierry Henry.
À cet instant, le voyage en Martinique est devenu réalité. « C'est fatigant à la fin, soupire le sélectionneur. J'avais oublié que des intérêts personnels primaient partout. Chacun est centré sur son nombril. »
Privé de Zidane que des adducteurs douloureux contraignent à une longue pause, Domenech a rappelé Nicolas Anelka qui retrouve les Bleus après plus de trois ans d'absence. Et, en communiquant sa liste des 23 sélectionnés, il a annoncé qu'il révélera en Martinique qui, de Fabien Barthez ou de Grégory Coupet, gardera les buts français en Allemagne.

La grande peur bleue

Sa volte-face interpelle. « Elle est bien bonne », titre *L'Équipe* à la une. « J'ai beaucoup réfléchi, explique Domenech. Ce n'était pas le bon jour. On est encore trop loin de l'échéance. On attendra le mois de mars. »
À Fort-de-France, les 16 000 places se sont arrachées en quelques heures. Henry parle d'un « accueil extraordinaire ».
Mais dans ces circonstances éminemment favorables, les Bleus dessinent une affreuse première mi-temps face à un adversaire pourtant privé de ses meilleurs joueurs... retenus par leurs clubs.
Le quatuor offensif Wiltord, Anelka, Henry, Malouda (tous d'origine antillaise) a belle allure mais triste figure. Et comme s'il fallait encore déposer une pierre dans le jardin de Gérard Houllier, Abidal se fracture un orteil au bout d'un quart d'heure. Réveillère n'a pas eu le temps de le remplacer quand Saborio trompe Barthez d'une frappe croisée du gauche (14ᵉ). Et si Anelka tire sur le poteau (31ᵉ), les Costaricains doublent la mise par Fonseca, qui profite d'une sortie ratée de Barthez pour marquer de la tête dans le but vide (41ᵉ).

▲ **Pour Henry le Martiniquais, ce match est une fête.**
▼ **Barthez encaisse deux buts face au Costa Rica.**

▲ ***Dhorasoo face à Ballack, la star allemande.***
▼ ***Trezeguet est fâché contre lui-même.***

L'expédition tourne au cauchemar. Heureusement, la seconde période est synonyme de révolte. Contraint de vivre avec le poids de sa faute, Barthez n'a plus un seul arrêt à effectuer. Servi par Henry, Anelka réduit le score à bout portant (49e). L'égalisation est l'œuvre de Cissé, d'une reprise sans contrôle du pied droit (80e). Le but de la victoire est pour Thierry Henry qui dévie involontairement du talon un corner de Rothen (87e).
« J'avoue que je ne l'ai pas fait exprès, reconnaîtra volontiers l'attaquant d'Arsenal. Je voulais retirer mon pied. Mais pour les victimes du crash et pour le public, on ne pouvait pas perdre ici. »
« Tout est positif, dit Domenech. Toutefois, il y a eu un peu trop d'émotion à mon goût en première période. On a trop commémoré l'événement. »

Un sommet en trompe-l'œil

De retour dans la froidure de l'Hexagone, le sélectionneur retrouve les problèmes domestiques. Le président lyonnais Jean-Michel Aulas menace de porter plainte contre la Fédération française pour la blessure d'Abidal. Et Franz Beckenbauer, pape du football germanique, y va de sa pique : « Je suis étonné de voir les Français disputer un match sur un autre continent trois jours avant de nous recevoir. Ils nous sous-estiment. C'est le moment idéal pour renouer avec le succès contre eux. »
Depuis 1990, la France reste sur quatre victoires contre l'Allemagne. Même amicale, l'affiche ne peut pas être totalement neutre. Mais elle sera terne. Sur une pelouse du Stade de France en mauvais état, les deux formations rendent une pâle copie.
Avec Coupet dans les buts, Thuram capitaine et son duo d'attaque Henry-Trezeguet reconstitué, l'équipe de France se contente d'un nouveau 0-0. Certes, elle termine l'année 2005 invaincue (six victoires, cinq nuls), mais en dehors d'un tir en pivot de Henry (19e) au ras d'un poteau, d'une frappe dévissée de Trezeguet (52e) et d'un tir contré de Cissé (81e), elle n'a pas été dangereuse. Quant à Coupet, dont le nom a été scandé, il est sorti vainqueur d'un tête-à-tête compliqué avec Schweinsteiger (54e).
« C'était dur, reconnaît Dhorasoo. Parfois il ne faut pas être trop gourmand. C'était quand même l'Allemagne. » Domenech parle de deux équipes solides, d'un terrain indigne et d'un score équitable. Et Thuram voit la vie en rose : « Depuis mon retour, avoue-t-il, petit à petit j'ai changé d'avis. J'étais content d'être là, j'ai pris du plaisir.

▲ *Cette fois, Ballack n'est pas là pour aider Sagnol, son équipier du Bayern.*

▼ *Klose ne peut tromper la vigilance de Boumsong, Coupet, Réveillère et Thuram.*

Je me dis que ce serait bien d'être présent à la Coupe du monde. »

Le tirage au sort de la phase finale embellit la fin de l'année des Bleus. La Suisse, la Corée du Sud et le Togo ne constituent pas des obstacles insurmontables. « C'est un bon petit groupe, pas le plus difficile », affirme honnêtement Coupet. La course au Mondial est lancée. Elle passe d'abord par la réception de la Slovaquie, au Stade de France, le 1er mars 2006, ultime étape encore éloignée de la compétition tant attendue. Tout juste rétabli, Abidal est inscrit sur la liste des vingt joueurs retenus par Domenech. La même cause produit le même effet : « Si ça ne tenait qu'à moi, il ne rejoindrait pas l'équipe de France », dit Houllier. Un accrochage verbal assez viril oppose le président Aulas au sélectionneur. Le football français est indécrottable dans sa capacité à se nourrir de conflits.

C'est l'honneur de Zidane de ramener le débat sur l'aire de jeu : « On ira en Allemagne pour gagner la Coupe du monde, scande-t-il. Nous avons une belle sélection composée de bons joueurs. Maintenant, il faut arrêter de parler. Il faut agir. »

La première défaite de Domenech

Plus facile à dire qu'à faire. Sans Gallas blessé et remplacé par le revenant Mikaël Silvestre, avec Barthez dans les buts (Domenech a décidé une nouvelle fois de repousser son choix définitif), Dhorasoo (alors en conflit au PSG où Guy Lacombe l'a écarté) titulaire, une attaque Trezeguet-Anelka et aucun Lyonnais sur le terrain au coup d'envoi, la France va s'incliner face à un adversaire de modeste réputation.

Dès la première minute, Silvestre repousse en catastrophe une frappe de Jakubko. Zidane est en roue libre. Les Bleus ne jouent pas mal, mais font preuve d'une inquiétante inefficacité. Trezeguet notamment, que l'on a connu plus adroit. Et pour sa première sélection, le gardien slovaque Hajduch flambe. Il a la belle vie comparée à celle de son vis-à-vis Fabien Barthez, pris en grippe et sifflé par une frange du public.

Les remplacements en début de seconde mi-temps de Trezeguet, Zidane et Anelka par Henry, Malouda et Wiltord n'y changent rien. Henry, bien placé, bute deux fois sur Hajduch. Et le contre finit par fuser, conclu par Nemeth. Simple remplaçant à Strasbourg, il est entré en jeu trois minutes plus tôt. Sa reprise en demi-volée

▲ ***Contre la Slovaquie, Trezeguet est dans le doute.***

▼ ***Wiltord marque un penalty généreux.***

▲ ***Valachovic donne la victoire à la Slovaquie face à des Bleus pâles.***

du gauche, de 20 mètres, trouve la lucarne opposée de Barthez (62e). Hajduch s'oppose encore brillamment à Malouda et Henry. Il ne peut rien en revanche contre le penalty généreusement accordé à Malouda et transformé par Wiltord (75e).
La France semble relancée, mais sa digue défensive cède de nouveau. Entré en jeu depuis deux minutes, Valachovic remonte le terrain sur toute sa longueur. Malouda le stoppe rudement. Valachovic se charge lui-même d'expédier le coup franc dans la lucarne de Barthez (80e).
Le 18e match de Domenech à la tête des Bleus correspond à sa première et très inattendue défaite. « C'est un vrai déplaisir mais il n'y a rien de grave, affirme le sélectionneur. On a un peu ouvert les vannes. J'ai vu ce que je voulais voir. L'équipe a montré quelque chose dans le domaine offensif. On a été satisfaisants dans tous les registres du jeu, sauf l'efficacité. »
Le constat de l'as du coaching et entraîneur slovaque Dusan Galis ne manque pas d'intérêt : « Je n'ai pas trouvé la France aussi forte que je le pensais. Zidane, Henry et Trezeguet sont fatigués. Ils jouent trop. »
Voilà qui s'appelle mettre le doigt là où ça fait mal. Car pour les stars bleues, d'ici la campagne d'Allemagne, le mot vacances ne sera pas vraiment d'actualité.

▲ ***Encore une fois, Barthez a encaissé deux buts.***

ÉQUIPE DE FRANCE / Mexique • Danemark • Chine

Ni inquiétant, ni rassurant

Sur l'écran de télévision, rien. Dans le haut-parleur de la télévision, rien. L'annonce de la liste des vingt-trois Bleus retenus pour la Coupe du monde ne ressemble à rien, effectivement. Raymond Domenech ne donne aucun nom et se contente d'inviter le téléspectateur à regarder un écran que le réalisateur de Téléfoot n'a pas prévu de filmer. Qui y est ? Qui n'y est pas ? Il faut attendre un peu pour savoir et connaître les deux surprises réservées par le sélectionneur : Pascal Chimbonda, élu meilleur arrière droit du championnat d'Angleterre avec Wigan, et Franck Ribéry, révélation du championnat de Ligue 1 avec l'OM.

Évidemment, il y a des perdants. Micoud, Pires, Anelka, Giuly et Mexès restent à la maison. Et puis, il y a le gardien de but : comme révélé dix jours plus tôt par *Le Parisien*, Domenech a tranché en faveur de Barthez. Sur Canal +, Coupet affiche une déception mesurée. Quelques jours plus tard, il ne la masque plus, quittant le stage d'oxygénation de Tignes avant de se raviser et de regagner l'hôtel des Bleus. Officiellement, tout est rentré dans l'ordre, mais les décisions du sélectionneur ne font pas l'unanimité auprès d'un groupe qui peine à s'unifier.

Le premier match de préparation, face au Mexique, est aussi le dernier de Zinedine Zidane au Stade de France. Après, il y aura le dernier match de Zidane en France, le dernier match de Zidane avec un maillot blanc, le dernier match de Zidane tout court. La France peine à quitter son idole. L'idole peine à tenir le rythme face au Mexique. Il perd beaucoup de ballons et n'apporte rien. Le contrecoup de la semaine dans les Alpes, sans doute, si l'on en croit Willy Sagnol : « Il y a trois jours, on se trouvait à 3 600 mètres d'altitude avec des crampons sous les pieds », rappelle-t-il. Rien d'inquiétant effectivement dans cette rencontre remportée 1-0 grâce à une volée sous la barre de Malouda (45e+1). Abidal, titularisé à gauche, et Gallas, qui a glissé dans le couloir droit, ont la confiance du sélectionneur pour former, avec Thuram et Sagnol, le quatuor défensif des Bleus.

◄ ***Zidane en chef de bande.***

▲ *De qui se moquent-ils? De Ribéry, impatient de connaître sa première sélection.*

▼ *Le voilà, le petit jeune, le Speedy Gonzalez des Bleus.*

▼ *Greg Louganis ? Non, Florent Malouda dans une figure libre aérienne.*

Cette défense est d'ailleurs reconduite face au Danemark, quatre jours plus tard à Lens. Physiquement, les Bleus sont davantage à leur affaire, notamment Zidane qui donne le rythme à la partie. À la 25e minute, une faute énorme de Vieira sur Silberbauer mérite un penalty, mais les Danois ne l'obtiennent pas. Au contraire, ils encaissent un but, le 32e de Thierry Henry qui devient le deuxième meilleur buteur de l'histoire de l'équipe de France derrière Michel Platini (41 buts). Ribéry entre quelques minutes et montre sa capacité à mettre le foutoir dans la défense adverse. Il est ovationné par le public de Bollaert auquel il offre un tour d'honneur et des remerciements touchants tellement ils sont enfantins : « Je remercie les joueurs, le coach et les dirigeants. À chaque fois, je me régale, je prends du plaisir. » L'humeur est joyeuse chez les Bleus que Mikaël Silvestre trouve « proches du 100 % : on a retrouvé nos jambes ». « Par rapport au Mexique, on a vu un net progrès », confirme Henry. Seul Patrick Vieira n'a pas constaté d'amélioration. Positionné à droite du milieu de terrain, il n'est pas à l'aise, pas très présent et pas dans le coup.

▲ ***Zidane contourne le rugueux Danois Poulsen.***

▼ ***Henry a encore marqué.***

▲ *Penalty provoqué par l'audacieux Ribéry.*
▼ *Penalty transformé par le rigoureux Wiltord.*

ÉQUIPE DE FRANCE

L'ultime rencontre amicale efface tout cela. À Saint-Étienne, contre la Chine, les Bleus vont définitivement rassurer tout le monde pour se présenter parmi les gros favoris de la Coupe du monde. L'affaire débute très mal, surtout pour Djibril Cissé. À la 9e minute, il se fracture la jambe gauche. Le Mondial ne commencera pas pour lui. L'équipe semble traumatisée. « Je considère que tout a été faussé tactiquement avec la blessure dont a été victime Djib', dira d'ailleurs Domenech. Tout le monde était effondré, j'en ai vu quelques-uns qui avaient la larme à l'œil. On s'est moins libéré que contre le Danemark. » Bien sûr, les Français ont gagné, avec une ouverture du score signée Trezeguet à la demi-heure de jeu (31e), mais ils n'ont convaincu personne de leur solidité. Zidane a manqué un penalty quand le capitaine chinois Zheng transforme le sien suite à une faute d'Abidal (1-1, 69e). Ensuite, un raid de Ribéry débouche sur une volée du droit, complètement vrillée de Wang Yun, qui achève sa course parabolique dans la lucarne de Li Leilei (90e). Une minute après, Ribéry se heurte au gardien chinois, sorti à sa rencontre hors de sa surface, mais Henry est derrière et marque de 30 mètres dans le but vide. Après ces trois rencontres, personne n'en sait davantage sur le potentiel de l'équipe, pas même l'équipe elle-même. La moindre critique, la moindre question dérangeante sont évacuées par l'autocensure des médias ou par les tables de la loi. La loi ? Quelle loi ? La loi Jacquet, bien sûr. Depuis 1998, il n'est pas de bon ton d'émettre des réserves sur les Bleus, héros de la nation. Surtout depuis le retour des anciens, icônes intouchables qui ont pourtant vécu une fin de saison sur le banc (pour Lilian Thuram) ou très difficile (pour Zinedine Zidane). Alors voilà l'équipe de France en direction de l'Allemagne sans certitude sinon celle qu'elle est une grande équipe, qu'elle a été championne du monde et qu'elle peut le refaire.

▼ ***Le cri de douleur et de détresse de Djibril Cissé à la 9e minute du match face à la Chine. Le malheureux Cissé est out pour quatre mois.***

▲ *Terrain glissant pour Zidane qui envoie son penalty au-dessus du but de Li Leilei.*
▼ *Le capitaine Zheng prend Barthez à contre-pied.*

Lyon étend son empire

▲ ***Les Lyonnais aiment montrer leurs cuisses et frapper leur poitrine.***

Un quadruple champion en titre peut-il entamer le voyage au long cours du championnat sans la pancarte de favori au-dessus de sa tête ? « Non », répondent dans *L'Équipe* les entraîneurs et les joueurs de Ligue 1. Mais avec 39,6 % des voix, Lyon n'obtient qu'une majorité relative. Monaco et le PSG suivent avec 18 % chacun ; 8,85 % des suffrages se portent sur l'OM, 2,77 % sur Bordeaux et... 0,84 % sur Lille.

Lyon, qui est allé chercher l'attaquant norvégien Carew en Turquie, devine qu'il va perdre Essien courtisé par Chelsea. Et ne sait pas encore qu'il va récupérer en échange le Portugais Tiago. L'effectif lyonnais brille par sa stabilité. Partout ailleurs, les flux migratoires sont importants. En apparence, les plus jolis coups sont réussis par Lens qui fait venir d'Anderlecht l'Ivoirien Dindane, Bordeaux qui se dote d'un nouvel entraîneur, le Brésilien Ricardo, et recrute à Liverpool le Tchèque Smicer, Monaco qui achète à la Juventus l'international français Kapo. L'OM mise sur le grand espoir Franck Ribéry, fourvoyé en Turquie, le Strasbourgeois Niang et le « vétéran » Lamouchi, égaré en deuxième division italienne. Quant au PSG, il affiche ses ambitions, avec notamment les arrivées de Dhorasoo, en provenance de Milan, et de l'Auxerrois Kalou.

Le bien prénommé Bonaventure Kalou est le premier héros d'un championnat dont il inscrit le premier but. Paris exécute Metz (4-1). « Au niveau du jeu, ce n'est pas exceptionnel », tempère pourtant l'entraîneur Laurent Fournier.

Embarqué dans l'épuisante odyssée de la Coupe Intertoto, l'OM craque d'entrée à domicile contre Bordeaux (0-2). Des débuts difficiles pour Jean Fernandez, le nouveau coach olympien. Grosse déception aussi pour Lens qui s'incline nettement à Nantes (2-0). « On s'attendait à souffrir

plus que ça », reconnaît l'entraîneur nantais Serge Le Dizet.
Quant à l'OL, il ne rate pas la première marche et s'impose (2-1) au Mans. Carew inscrit le but victorieux. Lyon n'a pas brillé. « On a utilisé notre intelligence », se réjouit le nouvel entraîneur Gérard Houllier.

Gai Paris, triste OM

La lourde machine du championnat est lancée. Paris assure, avec un nouveau succès à Sochaux (1-0). Mais Rothen calme le jeu : « Quand on aura signé sept ou huit victoires de suite, je dirai peut-être que quelque chose est en train de naître. » Même conclusion pour Le Dizet après une nouvelle victoire à Rennes (3-0) : « Évitons les bilans hâtifs. »
Les succès de Bordeaux sur Nancy (1-0) et de Lyon sur Strasbourg (1-0, but de Carew) sont plus courts. « Un champion doit commencer par savoir gagner une dizaine de matches 1-0 », explique Houllier, tandis que son président Jean-Michel Aulas martèle : « Comme je l'avais dit, Essien jouera à Lyon cette saison. Les Anglais nous ont pris pour des franchouillards avec un beau béret et une baguette de pain dans la poche. » Les affaires étant les affaires, Essien file à l'anglaise huit jours plus tard.
Loin de ces problèmes de riches, l'OM chute encore à Lens (2-0). « On va vivre une période très difficile, explique Fernandez. On le savait quand on a décidé de jouer l'Intertoto. »
Les Marseillais reçoivent l'OL dans la foulée et s'en tirent honorablement (1-1, buts de Taiwo et Carew). « Ça peut nous permettre de repartir en championnat », espère Fernandez. Mais l'OM est déjà à 8 points du PSG vainqueur de Toulouse (2-0) grâce à un doublé de Pauleta, qui déclare : « Cette année, on a une bonne équipe mais les premières difficultés ne vont pas tarder. »
Comme Bordeaux s'est incliné (1-0) à Auxerre – « si nous continuons à jouer comme ça je ne suis pas inquiet pour la suite », estime Ricardo –, Paris est seul en tête puisque Nantes a dérapé chez lui contre Ajaccio (2-0).
Pas autant qu'Auxerre qui prend une sacrée déculottée à Lens (7-0). Jacques Santini, remplaçant du retraité Guy Roux, est dans les cordes : « Tout notre crédit en parti en fumée en 90 minutes, soupire-t-il. Se remettre d'une telle défaite peut prendre plusieurs semaines. »
Désespoir également pour Marseille qui s'incline à Rennes (3-2), après avoir pourtant mené deux fois. « C'est toujours les mêmes erreurs, ça devient fatigant », regrette le gardien Carrasso, qui supplée Barthez suspendu pour plusieurs mois.
Et c'est toujours la même histoire pour l'OL qui s'impose dans les arrêts de jeu contre Nancy (1-0, but de Caçapa à la 90e+3). « Gagner à la dernière minute procure toujours plus de plaisir », explique Houllier.
Après quatre journées, Nancy est la seule équipe à avoir subi quatre défaites. Ce qui permet à l'OM (19e) d'éviter la lanterne rouge.

Fred frappe d'entrée

Si Bordeaux écarte Monaco (1-0), c'est au bout d'une rencontre médiocre : « On n'a pas vu un grand Bordeaux, mais on a vu un tout petit Monaco », déclare, dépité, Didier Deschamps qui se prépare des lendemains qui déchantent.
Après un tout heureux match nul à Troyes (1-1) qui sauve les apparences, le PSG invente son premier raté. Contre Nice, au Parc des Princes, la rapide ouverture du score de Pauleta (2e) incite à l'optimisme. Mais Paris bafouille son football. Rozenhal marque contre son camp (72e) et Yepes offre le but du succès au Niçois Bagayoko (90e). « Paris n'est pas bon quand il faut aligner des passes », constate l'acide entraîneur niçois Frédéric Antonetti. « Cette défaite va nous faire du bien, explique Fournier. Il faut garder les cinq premières minutes et travailler sur les quatre-vingt-cinq autres. » Vaste chantier en perspective.
Celui de l'OM est également impressionnant. Au Stade Vélodrome, Ajaccio arrache le nul (1-1) grâce à un penalty pour le moins généreux (Saïfi, 88e). « L'arbitre peut choisir de ne rien siffler », reconnaît d'ailleurs l'entraîneur des Corses Rolland Courbis.
Comme Nancy croque Rennes (6-0, triplé de Kroupi), après cinq journées l'OM est bel et bien dernier. Pendant ce temps, l'OL caracole. Un succès à Auxerre (2-0, buts de Diarra et Carew) le dépose en tête du championnat. Une place qu'il ne quittera plus. « Nous sommes en progrès », constate Houllier. Un bonheur n'arrivant jamais seul, Lyon s'attache les services de Fred, un jeune attaquant brésilien de 22 ans, qui a inscrit 40 buts en 43 matches sous le maillot du Cruzeiro Belo Horizonte.
Et Fred frappe d'entrée. Il inscrit les deux buts de la victoire contre Monaco (2-1). Une équipe monégasque en pleine implosion. Les joueurs clés (Roma, Givet, Evra, Bernardi) remettent publiquement en cause le recrutement et un conflit ouvert oppose Didier Deschamps au président Michel Pastor.
Ça va mieux pour l'OM qui remporte sa première victoire à Sochaux (1-0). Buteur du jour, l'ex-Sochalien Oruma affirme : « Le championnat a commencé pour nous aujourd'hui. »
Celui de Paris semble relancé après un succès sur Strasbourg (1-0). « Se créer des occasions ça donne confiance », explique Fournier. Mais pas autant que les transformer, car le PSG chute lourdement à Saint-Étienne (3-0) où sa prestation est franchement nulle. « Quand on ne gagne pas un duel et qu'on se montre passifs, on n'a rien à revendiquer », reconnaît Fournier.
Même en difficulté, l'OL s'en sort toujours à son avantage. À Bordeaux, il concède 35 fautes, 6 cartons jaunes et survit à trois mains dans sa propre surface de réparation sans souffrir du moindre penalty. À l'arrivée, le match nul (1-1) est pour le moins flatteur. « Sur la première main de Cris, il y avait bien sûr penalty », reconnaît honnêtement Coupet. Ce qui n'empêche pas le provocateur président Aulas de se distinguer en déclarant : « L'arbitrage n'a pas été en faveur de l'OL, c'est le moins que l'on puisse dire. »

▲ ***Jacques Santini est fâché : Auxerre prend une raclée (7-0) à Lens.***

▲ **Bonnart et Le Mans battent Sochaux et prennent la 2e place.**

▲ **Jean Petit assure l'intérim à Monaco.**

▲ **Le Monaco de Maicon (à g.) s'incline à domicile contre Rennes et Briand, entraînant la démission de Didier Deschamps.**

Deschamps jette l'éponge

Si l'OL tient bon la barre, son dauphin est inattendu. Venu de nulle part, Le Mans, vainqueur de Sochaux (2-1), profite des faux pas des uns et des autres pour s'emparer de la deuxième place. «Je sais que l'on peut être encore plus performants», affirme Frédéric Hantz, entraîneur de ce brillant promu.

Les risettes du Mans contrastent avec les soupirs monégasques. Rennes s'impose en Principauté (2-0) sous les cris de «Deschamps démission». «On est abasourdi, anéanti. Le mal est profond», soupire Evra. Deschamps jette l'éponge. «Il y a des combats qui sont inutiles», explique-t-il en commentant sa démission. «Je suis très surpris. Je n'avais pas l'intention de le mettre à l'écart», déclare, un brin hypocrite, le président Pastor.

Jean Petit, adjoint de Deschamps, prend provisoirement le relais. Et Monaco, réduit à neuf après les expulsions de Cubilier et Gérard, parvient d'abord à égaliser puis à s'imposer à Troyes (2-1). Petit parle d'un «petit miracle» et nie tout choc psychologique.

En battant Lille (2-1, doublé de Pauleta), le PSG donne une nouvelle fois le change. «Si on continue comme ça on peut faire un très grand championnat», estime l'attaquant portugais. Comme Le Mans a été battu à Nice (1-0), Bordeaux freiné à Rennes (2-2) et l'OL ralenti chez lui par Lens (1-1), Paris se voit beau et Lyon pose question. «Deux points en deux matches, c'est la crise non?» interroge, sarcastique, Houllier. Après huit journées, le PSG n'est qu'à 2 points de l'OL. Il ne va plus cesser de s'en éloigner et dans les grandes largeurs.

▲ *Tiago et Malouda ont puni Rennes.*

▲ *Dhorasoo en équilibre face au Nantais Dimitrijevic.*

Au Mans, il s'en sort bien (0-0) sans se créer la moindre occasion, puis il enchaîne par un succès sur Nantes (2-0) acquis à dix contre onze, après l'expulsion de Cissé (48e), grâce à Yepes (67e) et Pauleta (75e). «Un groupe sans histoire est un groupe qui ne vit pas», dit Fournier qui fait référence à une altercation qu'il a eue avec M'Bami et à une prise de bec entre Kalou et Dhorasoo.
Pendant ce temps, l'OL a pris 6 points lors d'un double déplacement en Bretagne, à Nantes (1-0) et à Rennes (3-1). Contre les Canaris, il a fallu un exceptionnel Coupet pour arracher la victoire. Le gardien lyonnais stoppe un penalty de Savinaud (6e) et multiplie les arrêts les plus improbables avant et après le but de Fred (80e). «C'est sûr, on ne mérite pas de gagner», reconnaît-il. «On dit que les grandes équipes gagnent quand elles ne sont pas bien», ajoute Houllier.
À Rennes, le champion en titre est mené à la mi-temps, mais marque trois fois après le repos par Juninho, Tiago et Wiltord (3-1). Sur ce coup-là, il n'y a pas photo. «Lyon n'a fait d'économie ni d'énergie ni d'effectif», constate l'entraîneur rennais Laslo Bölöni.
Vainqueur chez lui d'Ajaccio (1-0), Bordeaux remet ça à Metz (1-0). «J'ai honte», lâche l'entraîneur lorrain Joël Muller dont la formation n'a pas gagné une fois en dix matches. Seul Strasbourg a fait aussi mal.

Bordeaux craque contre Paris

Victorieux de Metz (3-1) puis à Nice (1-0), l'OM réintègre enfin la première moitié du classement. Tout comme Monaco, qui recrute l'entraîneur italien Francesco Guidolin. L'intérim de Petit s'est soldé par trois victoires et un nul.

▲ *L'OM gagne à Nice, le phénomène Ribéry est en marche.*

LE CHAMPIONNAT DE FRANCE

Place maintenant à l'affiche la plus redoutée de la compétition : OM-PSG. En ce 16 octobre 2005, Fabien Barthez est de retour. Le PSG reste sur dix matches sans défaite contre l'OM. Série terminée sur un but de Cana (79e), récent transfuge du club parisien. L'OM a très largement dominé les débats. « Nous avons gagné la bataille du milieu », se réjouit Fernandez sans faire référence bien sûr à la fumeuse affaire du vestiaire. Incommodés par des odeurs nauséabondes, les Parisiens ont dû évacuer leur refuge avant la rencontre. L'affaire en restera là.
Loin de toutes ces mesquineries, l'OL caracole. Il écarte Ajaccio (3-2), puis exécute Metz à l'extérieur (4-0). Laborieux vainqueur de Nancy (1-0), Paris s'accroche encore à son statut de dauphin, à 7 points du leader. « Ce n'était pas terrible, concède Fournier, mais on ne va pas se mettre à jouer à une touche de balle du jour au lendemain. »
En vérité, Paris joue mal et se montre totalement inefficace à l'extérieur. Sa défaite à Auxerre (2-0) est sans appel. Fournier parle d'un « manque de rigueur », mais c'est d'une incapacité à faire le jeu et à aller de l'avant dont souffrent les Parisiens qui se font doubler par Bordeaux victorieux de Troyes (2-0, doublé de Darcheville). « J'attends encore un match entier avec un contrôle total sur le jeu », explique l'exigeant Ricardo.
Vainqueur de Sochaux (1-0, « une victoire 1-0 vaut aussi 3 points », explique cyniquement Houllier), l'OL possède 9 points d'avance sur les Girondins et 10 sur le PSG et Auxerre. Au tiers du championnat, son cinquième titre semble déjà assuré. D'autant qu'il enchaîne par un succès à Toulouse (1-0). « Cette saison, on a envie de marquer les esprits », explique Houllier. Lyon surmonte tous les obstacles. Mené sur son terrain par Troyes, il s'en sort grâce à un doublé de Cris, son défenseur brésilien (2-1). « J'ai vu un tout petit OL », affirme le président Aulas.
Mais ce petit OL possède désormais 12 points d'avance sur ses poursuivants Paris et Bordeaux. Après un match nul (0-0) contre Monaco, les Parisiens brillent à Bordeaux (2-0). C'est leur premier véritable beau match de la saison. Fournier a trouvé son équipe « solide, solidaire, rigoureuse et clairvoyante », et parle d'un « match référence ». Il n'y en aura pas beaucoup d'autres. « On est passé au travers, concède Ricardo. Paris était plus fort. »
Comme Paris sera toujours Paris, la rencontre suivante, à domicile contre Lens, est une catastrophe pour des Parisiens menés 4-1 avant de réduire l'écart dans les arrêts de jeu (4-3). Pour Lens, il s'agit du quinzième match consécutif sans défaite (dont 10 matches nuls).

« On avait annoncé nos ambitions en venant avec quatre attaquants et, c'est bizarre, ça a marché », explique naïvement l'entraîneur lensois Francis Gillot.

« Je m'attendais à mieux après Bordeaux, déclare benoîtement Fournier. Les Lensois sont plus athlétiques que nous. On manque de gabarit ; c'est comme ça. » L'explication est évidemment un peu courte.

Strasbourg au 18e essai

Secoué à Nice, Lyon arrache le match nul (1-1). « On s'en sort bien », lâche le toujours honnête Coupet. Houllier dit la même chose avec d'autres mots : « C'est un très bon nul. »

Il est suivi d'un très bonne mais trop facile victoire à domicile, face à un PSG inconsistant (2-0). Le score reflète mal la différence de niveau entre les deux formations. « Il y a deux classes d'écart entre l'OL et le PSG », affirme le piquant président Aulas. Mais ce soir-là, personne n'a l'impression qu'il exagère. « Comment parler de titre alors que Lyon est à des années-lumière de nous », interroge Fournier.

En dehors de Lyon, l'équipe en forme du moment s'appelle Auxerre qui bat Lille (3-2), s'impose au Mans (2-0) et écrase Nantes (4-0) pour se hisser au deuxième rang, à 11 points de Lyon. « On gagne, c'est bien », susurre Santini, légèrement moins bavard que son prédécesseur Guy Roux.

Il faut une défaite à Marseille (1-0) pour que Santini se lâche : « L'OM a des objectifs de Ligue des champions. Nous, nous sommes en reconstruction. »

Le championnat traverse sa 18e journée et plus que le mauvais derby entre Saint-Étienne et l'OL (0-0 ; c'est la première fois en 26 matches officiels disputés depuis le début de saison que l'OL ne marque pas), plus que le sursaut du PSG, victorieux de Rennes (2-0, doublé de Pauleta), l'événement de la soirée se déroule à Nancy, où Strasbourg gagne pour la première fois de la saison (2-1). « Strasbourg n'est pas encore mort », estime son entraîneur Jacky Duguépéroux.

Sauf qu'il s'incline dans la foulée (1-0) contre un OM ragaillardi et chanceux sur ce coup-là. Au prix d'un solide rétablissement et de quelques superbes performances de Franck Ribéry, Marseille est revenu jouer dans la cour des grands car Paris concède le nul à Ajaccio (1-1), tout comme Bordeaux chez lui contre Nantes (0-0), tandis qu'Auxerre s'incline à domicile devant Nancy (1-0). Et si Lyon n'a « que » 12 points d'avance à mi-course sur Lens, Bordeaux et Auxerre, 13 sur Monaco, Paris et Marseille, c'est parce qu'il a cédé pour la première fois de la saison, et sur sa pelouse, contre Lille (3-1). « Ce n'est pas la fin du monde, dit Juninho, les Lillois ont fait un super-match. »

◄◄▲ Cana donne la victoire à l'OM sur Paris.
◄◄▼ Rothen à la peine face à Nancy, battu 1-0 au Parc.
◄◄ À Lyon, Fred commence à se faire un nom.
◄ Violeau maîtrise la charge du Lillois Bodmer : Auxerre est en forme en novembre.

LE CHAMPIONNAT DE FRANCE

La trêve des confiseurs est la bienvenue. Sauf pour Laurent Fournier, éjecté de son siège après une défaite en Coupe de la Ligue à Toulouse (2-0). L'ancien entraîneur de Sochaux Guy Lacombe le remplace.

Dès la reprise, l'OL remet les choses au point en s'imposant à Strasbourg (4-0, triplé de Wiltord). « Le match n'a pas été aussi facile que ça », commente Coupet sans doute avec beaucoup d'humour.

Auxerre récupère la deuxième place après sa victoire sur Monaco (2-1). Ce qui arrache à Santini cette enthousiasmante déclaration : « C'est un match parmi tant d'autres ; la deuxième place est anecdotique. »

Par le biais de son succès contre Sochaux (3-1), Paris n'est qu'à 1 point des Bourguignons. « Ça me donne un répit de trois jours », déclare Lacombe lucide.

Pas de répit en revanche pour Jean Fernandez après le nul (1-1) concédé à domicile contre des Lensois privés toute une mi-temps de leur gardien Itandje, expulsé. « Nous n'avons pas été capables d'aligner trois passes ; c'est un de nos plus mauvais matches », râle l'entraîneur marseillais.

Renforcé par le Strasbourgeois Pagis et le Monégasque Maoulida, l'OM se ressaisit à Lyon où il joue bien, mène 1-0 à la mi-temps, avant de céder (2-1) sur deux énormes bévues de Cesar et Déhu. « Ici, on ne capitule pas », clame Houllier. « Sur le plan mental, nous avons des lacunes », regrette Fernandez qui ferait peut-être mieux de se pencher sur les déchets techniques.

Ça se corse pour Courbis

La période des transferts bat de nouveau son plein. Après Marco Di Vaio, Monaco, qui a cédé son Togolais Adebayor à Arsenal, achète au Milan AC un autre attaquant italien, le célèbre Christian « Bobo » Vieri, 32 ans, 49 sélections. Vieri qui comprend très vite, en voyant Strasbourg repartir du stade Louis-II avec un match nul (1-1), qu'il n'a pas choisi la facilité.

Sur une pelouse détériorée et très handicapante, Bordeaux repousse Auxerre (1-0). Les Girondins sont des gagne-petit. Ils sont deuxièmes en ayant inscrit 18 buts en 21 matches. Une misère.

Huit jours plus tard, Bordeaux s'impose à Monaco (1-0 évidemment, but du Brésilien Denilson, son premier depuis près de deux ans). Ricardo parle d'une « victoire capitale ».

▲ ***Pauleta et Paris ont un nouvel entraîneur à la reprise.***

▲ ***Akalé-Modesto : le duel tourne à l'avantage de l'Auxerrois avec une AJA qui prend la 2e place en janvier.***

▼ ***Lyon et Govou vont plus vite que l'OM et Bonnissel.***

▲ ***À Monaco (ici Di Vaio), Strasbourg et Kanté prennent un point.***

▲ ***Johansen le Strasbourgeois poursuit Denilson le Bordelais, mais les Girondins finissent par gagner.***

▼ ***Laslandes marque son penalty face à Itandje : Lens s'incline à Bordeaux.***

Celle de l'OL à Nancy (2-0) l'est un peu moins tant elle était prévisible. « À la reprise, nous avons décidé de réaliser un championnat à dix-neuf matches et il en reste seize », explique Houllier. Si Lyon gagne toujours, Ajaccio ne gagne jamais. Après quinze matches sans succès (dont douze défaites), Rolland Courbis laisse la place à son adjoint José Pasqualetti. « Je suis obligé de constater que la petite chance de se sauver ne peut exister que sans moi », dit-il. Pour ses débuts à domicile, Pasqualetti gagne contre l'OM (3-1). « On s'est fait marcher dessus, on est passé complètement au travers », déplore Ribéry.

Paris est plus heureux. Pancrate le soulage contre Troyes au bout des arrêts de jeu (2-1). « Une équipe peut naître dans ce genre de victoire », estime Lacombe. Mais, une semaine plus tard, Paris s'incline à Nice (1-0) après un classique match à zéro occasion en sa faveur. Les Parisiens s'abritent derrière un coup de sifflet intempestif venu des tribunes pour contester le but de Traoré (87e). Les images télé leur donnent tort. Lacombe parle pourtant d'une « grande injustice ».

À défaut d'injustice, Strasbourg peut invoquer la malchance. Réduit à dix à Bordeaux dès la première mi-temps, il s'incline dans les arrêts de jeu (2-1, Faubert 90e+3). Ricardo parle d'une « vraie délivrance ».

Pour le gardien d'Auxerre Fabien Cool, le match nul ramené de Lyon (1-1, égalisation de Luyindula à la 89e) a une saveur particulière. Ce jour-là, il bat, avec 274 matches, le vieux record de rencontres consécutives disputées en première division, record établi entre 1970 et 1977 par un autre gardien de but, le Niçois Dominique Baratelli.

Cool est heureux et Juninho furieux : « Il faudrait d'abord songer à protéger le but qu'on a, plutôt que de chercher à en marquer un second », peste-t-il.

Ricardo parle du titre

Tandis que le général hiver fait des siennes, interdisant la tenue de quatre rencontres de la 24e journée, dont Monaco-OL, Bordeaux poursuit son avaricieux bonhomme de chemin en battant Lens (1-0). Les Girondins ont tiré deux fois au but. Mais ils bouclent leur mois de janvier sur une quatrième victoire. Ils ont inscrit 22 buts en 24 matches. Il n'y a qu'en France, dans cette Ligue 1 où les buts sont une denrée rare, que cela n'interdit pas d'occuper une seconde place. Loin derrière Lyon certes, mais avec 3 points d'avance sur Auxerre et 8 désormais sur Lille et le PSG.

LE CHAMPIONNAT DE FRANCE

Ce n'est pas lors du match suivant que Bordeaux marque son 23e but mais il ne s'en plaint pas, puisqu'il obtient un 0-0 à Lyon. Le scénario est original – Juninho ne cadre pas ses coups francs et – classique – Bordeaux ne tire pas une fois au but en seconde période. Mais Lille (2-0) à Nice et Auxerre (1-0) à Ajaccio ont perdu et le pragmatique Ricardo peut se réjouir : « Ce qui nous préoccupe, dit-il, c'est la deuxième place. On n'a fait que retarder l'attribution du titre à l'OL. »
Après le match nul concédé au Parc des Princes contre Saint-Étienne (2-2), Lacombe est furieux et parle d'une « première mi-temps ridicule ». Après le succès de Monaco à Rennes (3-1, doublé de Vieri), Guidolin analyse : « Comment expliquer la différence avec les autres attaquants ? Mais c'est Bobo, c'est tout. »
Avec Bobo, Monaco cale pourtant sur Troyes (1-1), tandis que Bordeaux s'exprime dans l'exubérance contre Rennes en marquant deux buts lors d'un même match (2-0). « La première mi-temps était presque parfaite, estime Ricardo. Tout nous sourit puisque les autres ont fait match nul. » Les autres, c'est-à-dire Monaco, mais aussi Lille et le PSG (0-0), Auxerre (1-1 contre Metz), l'OM (0-0 contre Toulouse), sans oublier Lens et l'OL qui se sont neutralisés (1-1). Wiltord a égalisé dans les arrêts de jeu. « Au fond de moi, je pensais que c'était perdu », avoue Cris. À 7 points de Lyon (qui compte un match en moins), Bordeaux a repoussé Auxerre à 6 points, Lille à 8, le PSG et l'OM à 9. Alors Ricardo ose : « Le titre ? Pourquoi pas. L'OL est très fort, mais il dispute la C1. »
Bordeaux est lancé. Les Girondins s'imposent tranquillement à Ajaccio (2-0). Ils restent sur six succès et trois nuls. « Ce soir, j'ai eu l'impression que mon équipe avait pris du poids et du corps comme on dit en parlant d'un bon vin », lance Ricardo.
Il en faut plus pour impressionner l'OL qui bat Nantes (3-1). Absent depuis trois mois, Abidal a effectué sa rentrée. Et Juninho – sur coup franc – a marqué pour la première fois depuis dix semaines. « Notre première mi-temps a été somptueuse », déclare Houllier.
Contre Le Mans, qu'il reçoit, le PSG effectue deux mi-temps calamiteuses et s'incline (1-0). Lacombe, hué par le public, parle d'une « soirée extrêmement difficile, d'un scénario catastrophe ». Pour ne rien arranger, quand il les a remplacés, Dhorasoo et Rothen ont regagné

directement le vestiaire sans passer par la case banc de touche. Le conflit va suivre.
Monaco n'est pas plus fringant. Il s'incline à Nice (2-0). « On sait que l'on repartira de zéro la saison prochaine, dit le défenseur Modesto, mais d'ici là, on va manger de la m... »

Un lamentable PSG-OM

L'OM est lui aussi en plein cauchemar. Il s'incline à Metz (1-0) dont c'est le troisième succès en 27 matches. Ribéry, ex-Messin, a été sifflé durant toute la rencontre.
Lors de la victoire de Rennes sur Lens (4-1), John Utaka inscrit trois buts. Il récidive lors de la journée suivante, mais cette fois-ci à Lyon qui dérape salement (4-1). La C1 a parfois un prix à payer en L1. « C'est notre pire défaite depuis cinq ans », dit le président Aulas. Utaka la joue modeste : « Si je viens de marquer six buts, c'est parce que j'ai reçu six passes. » Et Coupet est incrédule : « C'est la première fois que je prends quatre buts sans avoir un arrêt à effectuer. »
Le foot est un sport bizarre. Bordeaux, qui n'a encaissé qu'un but lors de ses neuf derniers matches, en prend trois sur sa pelouse contre Metz (3-3). « Derrière ce n'était pas Bordeaux, dit Ricardo. Et on s'en sort bien avec 1 point. »
Si l'OM se refait contre Nice (1-0), Monaco cède encore, mais chez lui, contre Lille (1-0). Le Lillois Makoun est expulsé à la 50e minute. Entré trois minutes plus tard, Odemwingie inscrit le seul but du match (58e). « Je ne me sens pas menacé, dit Guidolin. Je n'ai pas de doute sur ma méthode. » Il est bien le seul.
Sans Rothen ni Dhorasoo, mis à la disposition de l'équipe réserve, Paris ramène un match nul de Nantes (0-0). « Le foot sans gagner... » soupire Pauleta.
Que dire alors du foot sali par la haine et les conflits. Le PSG-OM qui s'annonce, tourne à l'horreur. Pour une sombre histoire de places non attribuées à ses supporters et de sécurité menacée, le président marseillais Pape Diouf décide d'interdire le voyage à l'ensemble des supporters de l'OM et d'envoyer à Paris son équipe réserve. « Nous avons préféré prévenir que guérir et éviter un carnage », dit-il non sans exagération. La Ligue nationale soutient le PSG. « C'est incompréhensible et stupéfiant », commente son président Frédéric Thiriez. Rien n'y fait : Bocaly, Pradie, Cantareil, Gastine, Dennoun, N'Diaye, Flachy, Diop, N'Gom débarquent au Parc. Dans une ambiance délétère et malsaine, le PSG tombe dans ce piège béant (0-0) au bout d'un match lamentable. « Ridicules », titre *Le Parisien* à la une en parlant des joueurs parisiens. Les Minots retournent sur la Canebière en héros. « Certains joueurs ont perdu leurs moyens. Ce ne sont que des hommes. C'est un affront, mais on n'est pas morts pour autant », philosophe Lacombe. Pour ne rien arranger, la Commission nationale d'Éthique, présidée par l'ancien international Dominique Rocheteau, qui sanctionnera les deux clubs d'un point de pénalité, sera totalement désavouée en appel.

Juninho à la jumelle

Sans crise et sans âme, Monaco s'incline à Metz (2-1). « Là, c'est vraiment le moment de réfléchir », estime Guidolin. Juninho, lui, n'est pas du genre à se poser trop de questions. À Ajaccio, il tire directement un coup franc de 42 mètres et marque. « Houllier parle d'une " distance impensable ". J'ai fait comme d'habitude, je n'ai pas eu peur de frapper », explique celui qui vient peut-être de battre le record du monde du plus lointain coup franc.
Lyon s'impose facilement (3-1). Et remet ça contre Metz (4-0). « Au moins, on a pris du plaisir à regarder évoluer cette équipe de Lyon », lâche, caustique, Joël Muller.
Au repos forcé huit jours plus tôt pour cause de neige à Sochaux, Bordeaux reprend sa marche en avant face à Toulouse (2-0).
Le gag du jour se déroule à Marseille. Blessé, le Stéphanois Perrin quitte le terrain à la 14e minute. Son remplaçant, Fousseni Diawara, s'aperçoit au moment d'entrer en jeu qu'il a oublié son maillot au vestiaire. Le temps de réparer l'oubli, le mal est fait. Quand il entre en jeu, Pagis a inscrit les deux buts (17e et 19e) du succès olympien (2-0).
Lyon n'a pas besoin de coup de pouce du destin. À Sochaux, il est irrésistible (4-0). « Je n'aurais pas aimé être à leur place », dit Benoît Pedretti, en parlant de ses anciens coéquipiers.
Après un petit coup de frein à Troyes (1-1), Ricardo perd la mémoire : « Je n'ai jamais parlé de titre », affirme-t-il.
Tandis que Rennes remporte à Metz (1-0) son cinquième succès consécutif, Monaco déraille à Ajaccio (1-0). « Je me demande comment nous avons pu perdre. Je n'ai rien à reprocher à mes joueurs », déclare l'impayable Guidolin.
Dans ce contexte, le nul obtenu contre le PSG (1-1) relève presque de l'exploit pour les Monégasques. Celui arraché par Toulouse à Lyon (1-1) en est un vrai. Le gardien toulousain Douchez a accompli une performance exceptionnelle.
Lyon n'a cependant aucune raison de s'inquiéter. Son cinquième titre lui est promis. Même si Bordeaux s'impose contre Nice (1-0, but de

◀▲ Tout le monde se sent fort à Lyon où l'OL et Bordeaux se séparent sur un nul.
◀ Jussie est bien familier avec Tiago lors de Lens-Lyon (1-1).
◀▼ Contre la réserve de l'OM, Paris est muet.
▶▲ 2006 sera peut-être l'année d'Utaka le Rennais, auteur de 3 buts contre Lens.
▶▼ Pagis, recrue de l'OM en provenance de Strasbourg.

Denilson à la... 11ᵉ seconde, à trois secondes du record du Caennais Michel Rio, en 1992 contre Cannes).

L'OL gagne d'ailleurs à Troyes, lors de la journée trente-trois (1-0), et en ayant souffert, un match coincé entre ses affrontements contre le Milan AC. « Je crois qu'on y est », dit d'ailleurs Houllier, qui ne s'amuse plus à entretenir un faux suspense.

D'autant que Bordeaux se fait flinguer au Parc des Princes (3-1) par Pauleta qui marque trois buts en première mi-temps. L'ex-Girondin est sans pitié : « Bordeaux s'en sort bien », analyse-t-il.

En s'imposant à Toulouse (1-0), Rennes engrange sa septième victoire consécutive, record de la saison de l'OL égalé. Les Bretons ne sont plus qu'à un point de la troisième place occupée par Lille qui ne cède pas grand-chose, comme à son habitude. Une troisième place à laquelle ils accèdent en enlevant un huitième succès de rang contre Sochaux (2-1), tandis que Lille est freiné à Nancy (0-0).

Lyon comme la Juve et le Real

Hélas débarrassé de ses obligations européennes, Lyon n'a plus qu'à cueillir maintenant le fruit mûr qui lui tend les bras. Il le concrétise dès la 34ᵉ journée en battant Nice (2-1). Le second but, inscrit par Malouda, est celui du titre. Mais il faudra une semaine pour le savoir, car avec leur match en retard, Lyon et Bordeaux ont encore cinq rencontres à disputer, alors qu'un écart de 14 points les sépare.

C'est donc devant leur télé, à Paris, où ils s'apprêtent à affronter le lendemain le PSG, que les Lyonnais ramassent la mise en regardant Bordeaux s'incliner à Lille (3-2). À quelques encablures du Parc des Princes, les Lyonnais partent faire la fête dans la rue. C'est la première fois qu'un club français enlève le titre de champion cinq fois consécutivement. La Juventus l'a réalisé en Italie, le Real deux fois en Espagne ; mais cela n'est jamais arrivé en Angleterre et en Allemagne : « On entre dans l'histoire, déclare Coupet. La manière dont on fête le titre prouve que nous sommes des accros de la victoire, de l'émotion. »

« Ça a été très dur, Lyon ne s'est pas baladé », explique Houllier sans convaincre personne. Surtout que 24 heures plus tard, Lyon, qui aime les choses bien faites, s'impose contre le PSG (1-0). Le score ne reflète pas l'énorme supériorité des Lyonnais sur des Parisiens littéralement dévorés. « Comme ça, on ne pourra pas dire que nous avons gagné le titre devant la télé, persifle Houllier. On devait être à la hauteur de l'exploit réalisé. Nous ne sommes pas rassasiés. »

Lyon va pouvoir finir la saison en roue libre et concéder à Monaco sa première défaite à l'extérieur (2-1). Dans l'autre match en retard, Bordeaux assure quasiment sa place en Ligue des champions en s'imposant brillamment à Sochaux (3-0). Un match nul à domicile contre Le Mans (2-2) trois jours plus tard envoie les Girondins au paradis.

L'ultime grand combat se déroule pour la troisième place. En s'imposant à Auxerre (2-1) après avoir pulvérisé Nancy (6-0), l'OM en rêve ardemment. En encaissant un but dans les arrêts de jeu contre le PSG (1-1), Rennes semble avoir gâché sa chance. Et Lille ne fait pas le fier après son dur revers à Lens (4-2).

À deux journées de la fin, c'est l'embouteillage. Lille et l'OM ont 58 points, Rennes 57, Lens 56. Claude Puel joue les victimes pour mobiliser les énergies lilloises : « Nous restons le petit club de Lille qui dérange ceux qui préfèrent voir l'OM en C1. » Lille va recevoir l'OL. « Pas question de laisser Lille nous battre une seconde fois cette saison », jure Houllier. Patatras ! Lyon, déconcentré, dérape vilainement (4-0). « On a fait un super-match, c'est tout », dit Puel.

Lille rafle la dernière mise

Du côté de Marseille, Rennes et Lens, on ne goûte guère l'histoire. Mais est-ce la faute de Lille si l'OM, chez lui, a été incapable de battre Strasbourg le condamné (2-2), si Rennes a calé

à Saint-Étienne (0-0) et si Lens a peiné au Mans (0-0) ? Les cris d'orfraie du président lensois Gervais Martel (« Lyon n'est pas un grand club ») ou du directeur sportif marseillais José Anigo (« Aulas a faussé le championnat ») agacent Puel : « Ce sont des réactions petites, mesquines, réplique-t-il. J'espère que nous continuerons à déranger longtemps. »

Au moins encore un an, car mené à Rennes (2-0) lors de l'ultime journée, tandis que l'OM mène à Bordeaux (1-0, Maoulida 76e), Lille effectue un formidable rétablissement grâce à Fauvergue (72e) et Bodmer (85e). Pendant neuf minutes, l'OM a occupé la troisième place. À cinq minutes du terme, il n'est plus que quatrième. L'égalisation du Bordelais Alonso (88e) le repousse à la cinquième place, derrière Lens victorieux de Nantes (3-1) et qualifié pour la Coupe de l'UEFA. L'OM est de nouveau voué à l'improbable Coupe Intertoto. Rennes n'a plus que ses yeux pour pleurer.

Pape Diouf parle d'un « scénario assez épouvantable », Bölöni se dit « très abattu ». Et Puel triomphe : « C'est extraordinaire. On mérite cette qualification pour le tour préliminaire de la C1. Ce final reflète les vertus de mon équipe et va faire taire les polémiques. »

Loin, très loin de ces derniers et glorieux combats, l'OL quitte le championnat en beauté et en majesté, en éparpillant Le Mans (8-1). Les Lyonnais finissent la compétition avec 15 points d'avance sur leur dauphin bordelais, un record depuis l'instauration de la victoire à 3 points. Quel joueur, quel entraîneur, quel journaliste, quel supporter, osera ne pas faire de l'OL son favori pour l'édition 2006-2007 ?

◄◄▲ ***L'OL gagne à Troyes.***
◄◄▼ ***Nancy freine Lille.***
◄ ***Rennes bat Sochaux et monte sur le podium.***
▲► ***Maoulida drague les supporters marseillais avec une simple bande adhésive et en marquant des buts.***

Houllier, vingt ans après

« Il a excellé dans sa gestion élitiste d'un groupe de 22-23 joueurs. » Dans la bouche du président Jean-Michel Aulas, le compliment n'est pas mince. Obsédé par sa conquête de la Ligue des champions, le président lyonnais n'avait pas choisi le successeur de Paul Le Guen uniquement pour ses qualités d'homme de terrain mais aussi pour son prestige international. Ancien entraîneur de Lens et du Paris SG, ancien sélectionneur de l'Équipe de France au début des années 1990, Gérard Houllier était surtout, pour Jean-Michel Aulas, l'ancien manager de Liverpool, le contraire d'un anonyme dans l'Europe du foot.

Et la greffe a pris, même si Houllier, 58 ans, s'est heurté au même problème que ses prédécesseurs : l'interventionnisme d'un président omniprésent. « C'est compliqué de travailler avec lui », reconnaissait-il en fin de saison une fois le titre en poche, avant d'ajouter, sibyllin : « Peut-être qu'en matière de recrutement on me demandera mon avis. »

Ainsi va le petit monde de l'Olympique Lyonnais qui n'en finit pourtant pas moins, dans l'Hexagone, de tout bousculer sur son passage. Une fois le cinquième titre acquis, après une démonstration contre le PSG, à Paris, là où vingt ans plus tôt, en 1986, il avait été sacré pour la première fois, Houllier déclara : « Je sais ce que j'ai apporté en particulier dans la gestion et l'approche mentale des matches. J'éprouve une grande fierté pour le travail accompli cette saison et par l'attitude que les joueurs ont manifestée jusqu'au bout. Si les gens ne savaient pas encore pourquoi nous sommes champions, s'ils ne connaissaient pas notre qualité et notre philosophie de jeu, j'espère que maintenant ils auront compris. »

Pour obtenir ce cinquième titre consécutif, Gérard Houllier a utilisé 24 joueurs (seul Lens, 22 joueurs, en a utilisé moins).

GARDIENS

Grégory Coupet, 33 ans, 37 matches
Rémi Vercoutre, 25 ans, 2 matches

DÉFENSEURS

Cris, 29 ans, 36 matches, 3 buts
Claudio Caçapa, 30 ans, 26 matches, 2 buts
Anthony Réveillère, 26 ans, 20 matches
Sylvain Monsoreau, 25 ans, 19 matches
Jérémy Berthod, 22 ans,16 matches, 1 but
Éric Abidal, 26 ans, 14 matches
François Clerc, 23 ans, 14 matches
Lamine Diatta, 30 ans, 13 matches
Patrick Müller, 29 ans, 12 matches, 1 but

MILIEUX

Juninho, 31 ans, 32 matches, 9 buts
Mahamadou Diarra, 25 ans, 31 matches, 3 buts
Florent Malouda, 26 ans, 31 matches, 6 buts
Tiago, 25 ans, 29 matches, 5 buts
Benoît Pedretti, 25 ans, 21 matches, 2 buts
Jérémy Clément, 22 ans, 15 matches

ATTAQUANTS

Sidney Govou, 27 ans, 35 matches, 5 buts
Sylvain Wiltord, 32 ans, 35 matches, 12 buts
Fred, 22 ans, 31 matches, 14 buts
John Carew, 27 ans, 26 matches, 8 buts
Karim Benzema, 18 ans, 13 matches, 1 but
Hatem Ben Arfa, 19 ans, 12 matches
Pierre-Alain Frau, 24 ans, 4 matches

▼ ***Des sourires, des poings serrés et des médailles pour Lyon.***

▲ *Le staff lyonnais (Garde, Houllier, Bergues au 1er plan) savoure le titre.*

◄▼ *Le président Aulas danserait bien un slow ce soir.*

MEILLEUR BUTEUR

Pauleta enfin seul

En 2005-2006, pour sa troisième saison sous le maillot du Paris Saint-Germain, Pedro Miguel Pauleta, 33 ans, n'a pas battu son record de buts en L1. Sacré meilleur buteur avec 21 buts, il avait mieux réussi à deux reprises sous le maillot de Bordeaux, avec 22 buts en 2002 et 23 buts en 2003. Mais, aussi curieux que cela puisse paraître, « l'Aigle des Açores » a fini pour la première fois seul sur la plus haute marche du podium. En 2002, il avait dû partager cet honneur avec l'Auxerrois Djibril Cissé, tandis qu'en 2003 il avait terminé deuxième derrière le Monégasque Shabani Nonda (26 buts).

À la tête d'un capital de 118 buts en 206 matches de L1 fin mai 2006, le capitaine parisien a eu le mérite d'atteindre son objectif – « passer la barre des 20 buts » – au sein d'un club comme souvent ballotté par les problèmes sportifs et extrasportifs. Un club dont il est la lumière quand tant d'ombre l'enveloppe sans cesse.

Son secret, Pauleta l'a révélé dans les colonnes de *France Football* : « Je visionne les vidéos de tous les buts que j'ai marqués. J'ai réalisé un DVD que je regarde avant les matches. Pour la confiance. C'est un travail que je ne peux pas accomplir avec le coach. »

Sa méthode est plus classique : « Il faut savoir attendre. Ne pas désespérer. » Et sa philosophie se poste à mi-chemin de l'esprit collectif du foot et de la nécessité d'un certain égoïsme : « Il y a des joueurs qui sont là pour faire marquer et d'autres pour marquer. Moi, je préfère inscrire des buts. »

Il en a inscrit tellement que, fin 2005, il a battu le vieux record du plus grand nombre de buts marqués en équipe du Portugal que détenait le mythique Eusebio depuis les années 1960, avec 41 buts.

Respecté par le milieu, adoré par le public parisien, auquel il a choisi de rester fidèle en dépit de sollicitations venues de Lyon, Pauleta ne fixe pas de limites à son appétit. Mais il a déjà repéré son successeur : « Le Brésilien de Lyon, Fred, va être très fort. Je crois que ce joueur marquera beaucoup de buts. » Le duel à distance s'annonce passionnant.

◀ ***Pauleta, un sens du but inégalé en L1.***
◀◀ ***Contre Bordeaux, son ancien club, le Portugais inscrit trois buts lors de la 33ᵉ journée.***

Voici le descriptif des 21 buts qui ont fait de Pauleta le meilleur canonnier de France.

PSG-TOULOUSE (3ᵉ journée)
❶ Revault repousse dans l'axe une frappe de Rothen. Pauleta devance Aubey et reprend du droit (43ᵉ, but du 1-0).
❷ Sur une ouverture de Dhorasoo, Pauleta profite d'une mésentente entre Revault et Dao pour récupérer le ballon, dribbler le gardien toulousain et marquer dans le but vide (62ᵉ, but du 2-0).
PSG-Toulouse : 2-0

TROYES-PSG (4ᵉ journée)
❸ Lancé en profondeur par Mendy, Pauleta échappe à Kouassi et Boucansaud, avant de tromper Le Crom d'une frappe du droit sans contrôle de 15 mètres (37ᵉ, but du 0-1).
Troyes-PSG : 1-1

PSG-NICE (5ᵉ journée)
❹ Sur un coup franc rapidement joué par Rothen, Pauleta, esseulé, bat Gregorini de la tête (2ᵉ, but du 1-0).
PSG-Nice : 1-2

PSG-LILLE (8ᵉ journée)
❺ Sur un centre de Dhorasoo, Plestan rate son dégagement. Derrière lui, Pauleta marque d'une tête croisée à bout portant (14ᵉ, but du 1-1).
❻ Servi par Landrin, Pauleta contrôle du droit et marque d'une frappe croisée du gauche (55ᵉ, but du 2-1).
PSG-Lille : 2-1

PSG-NANTES (10ᵉ journée)
❼ Coup franc dans la surface de réparation nantaise. Mendy décale Pauleta qui marque en force du droit (75ᵉ, but du 2-0).
PSG-Nantes : 2-0

BORDEAUX-PSG (15ᵉ journée)
❽ Lancé dans l'axe par Dhorasoo, Pauleta récupère le ballon, dribble Henrique et marque du droit d'une frappe enroulée à mi-hauteur (51ᵉ, but du 0-2).
Bordeaux-PSG : 0-2

PSG-LENS (16ᵉ journée)
❾ Servi par Rothen dans le dos des défenseurs lensois, Pauleta contrôle de la poitrine et lobe Itandje du droit (6ᵉ, but du 1-1).
❿ Servi par Landrin, Pauleta résiste à Gillet et lobe Itandje du droit (90ᵉ, but du 2-4).
PSG-Lens : 3-4

PSG-RENNES (18ᵉ journée)
⓫ À la réception d'un centre aérien de Rothen, Pauleta détourne le ballon à bout portant du pied droit dans le but d'Isaksson (39ᵉ, but du 1-0).
⓬ Ouverture de Kalou sur la droite de la surface de réparation. Pauleta échappe à Adailton et marque du gauche à ras de terre (63ᵉ, but du 2-0).
PSG-Rennes : 2-0

PSG-SOCHAUX (20ᵉ journée)
⓭ Sur un centre d'Armand qui lobe Diawara, Pauleta reprend de la tête en force au point de penalty (73ᵉ, but du 3-1).
PSG-Sochaux : 3-1

PSG-TROYES (22ᵉ journée)
⓮ Faute de Boucansaud sur Rodriguez. Pauleta transforme le penalty du droit, en prenant Le Crom à contre-pied (45ᵉ+2, but du 1-0).
PSG-Troyes : 2-1

PSG-SAINT-ÉTIENNE (25ᵉ journée)
⓯ Lancé par Rodriguez sur la droite de la surface de réparation, Pauleta devance Janot qu'il trompe d'un tir piqué du droit (31ᵉ, but du 1-1).
PSG-Saint-Étienne : 2-2

STRASBOURG-PSG (24ᵉ journée, match en retard)
⓰ Sur un coup franc aux 25 mètres, Pauleta marque d'une frappe de l'intérieur du droit au ras du poteau (31ᵉ, but du 1-1).
Strasbourg-PSG : 1-1

PSG-AUXERRE (31ᵉ journée)
⓱ Lancé en profondeur par Kalou, Pauleta évite Radet et trompe Cool d'un tir taclé en force du droit de 15 mètres (55ᵉ, but du 3-0).
PSG-Auxerre : 4-1

PSG-BORDEAUX (33ᵉ journée)
⓲ Centre de la droite de Mendy. Aux 6 mètres, reprise plein axe de la tête en force de Pauleta (7ᵉ, but du 1-0).
⓳ Faute de Planus sur Pauleta qui transforme le penalty du droit, en prenant Ramé à contre-pied (38ᵉ, but du 2-1).
⓴ Centre rentrant de Rothen. Pauleta devance Faubert pour marquer de la tête au ras du poteau (43ᵉ, but du 3-1).
PSG-Bordeaux : 3-1

PSG-AJACCIO (37ᵉ journée)
㉑ Cissé sert Pauleta sur la droite de la surface de réparation. La reprise de volée du droit du capitaine parisien s'engouffre dans la lucarne opposée (53ᵉ, but du 2-1).
PSG-Ajaccio : 2-4

LYON EN C1 / Real Madrid • Rosenborg • Olympiakos

Distribution de baffes

Cette fois, les choses vont changer. Lyon n'en peut plus d'être éliminé en quart de finale de la Ligue des champions. La France du football n'en peut plus d'être considérée comme une D2 de l'Europe. Alors, cette saison 2005-2006 sera différente, c'est sûr. D'autant que le début fracassant de l'OL en Ligue 1 a déclenché une euphorie étonnante au point que John Carew, qui ne s'est jamais vraiment imposé à Valence ni à la Roma et fut un honnête attaquant du championnat turc, est perçu comme le chaînon manquant. L'homme que Lyon attendait pour conquérir les sommets européens. Ça tombe bien, l'aventure commence par un col : le Real Madrid. Sans Zidane, sans Ronaldo, le club espagnol manque de percussion offensive. Et aussi d'assise défensive.

Avant le match, Gérard Houllier avait rappelé que 30 % des buts sont inscrits sur coups de pied arrêtés dans le football moderne. Et, explique Juninho, des vidéos ont montré aux Lyonnais que « le Real a quelques faiblesses sur coups de pied arrêtés ». Sur l'un d'eux, le Brésilien trouve la tête de Carew qui ouvre le score (21e). Cinq minutes plus tard, un autre de ses coups francs file à plus de 120 km/h dans le but de Casillas (26e). « Si vous n'êtes pas bien placé, surtout quand il y a en face un gars comme Juninho, il n'y a rien à faire... » soupirera après la rencontre son compatriote Roberto Carlos.

Le Real balayé

À peine une demi-heure de jeu et, déjà, le Real compte deux longueurs de retard. À peine plus d'une demi-heure de jeu et, déjà, le Real en comptera trois : un centre de Réveillère est repris de volée par Wiltord (31e, 3-0). Quelque chose se passe sur la pelouse de Gerland. Quelque chose d'énorme qui pourrait devenir pachydermique

Jusque-là, Carew a la carrure européenne.

lorsque Salgado bouscule Juninho dans la surface. Sur ce coup de pied arrêté là, le frappeur brésilien s'incline face à Casillas, parti du bon côté (41e). « Je crois que perdre 4-0 aurait été excessif », dira ensuite le portier espagnol. Il n'a pas tort tant son équipe domine la deuxième période, se heurtant constamment à un Coupet royal. « 3-0, c'est inespéré et fabuleux », s'emporte ce dernier. « Le score est très large, mais ne rend pas compte de l'opposition, enchaîne son entraîneur. On a battu une forte équipe du Real, même si j'ai pu constater qu'il valait mieux la prendre après seulement deux journées de Liga. »

Si la performance fut réelle, la joie est mesurée dans le clan français. Mais hors du vestiaire, au-delà du stade, déjà, le label « grand d'Europe » floque le maillot lyonnais. Cette fois, c'est sûr, les choses ont changé. La France du football a trouvé son porte-drapeau tout en haut de la D1 européenne. Cette saison est déjà différente. « Il faut rester humble car on n'a encore rien fait », martèle pourtant Caçapa. « Le Bayern avait aussi encaissé 3-0 ici en mars 2001 avant de gagner la C1, rappelle le président Jean-Michel Aulas. On ne peut pas en déduire qu'on a rattrapé les plus grands clubs européens. » Peut-être, mais dans cette poule plus équilibrée qu'il n'y paraît, Lyon va très vite se détacher. Dès le deuxième rendez-vous, à Trondheim. En Norvège, où Juninho estime « qu'un nul serait un bon résultat », les quadruples champions de France s'imposent grâce à une tête de Cris (45e), suite à un corner de Juninho prolongé par Caçapa. « La première période fut très spectaculaire avec des mouvements de grande classe, analyse Houllier. Certes, lors des dix premières et des dix dernières minutes, Rosenborg a poussé, mais je n'ai jamais été vraiment inquiet. »

▲ ***Le président Aulas cherche son chéquier pour la prime de match.***
▲► ***Casillas évite une raclée au Real.***
► ***Coupet ne lâche rien.***
▼► ***À Trondheim, Cris est le buteur de l'OL poursuivi par Caçapa, Tiago et Govou.***

Dans ces conditions, Lyon ne peut que confirmer son étincelant début de saison face à Olympiakos. Ça part plutôt bien. Un inévitable (au sens littéral du mot) coup franc de Juninho place l'OL en tête dès la 4e minute. Partis comme ça, les Grecs pourraient bien prendre une « bonne tôle ». Sauf qu'il ne se passe plus grand-chose jusqu'à la fin de match. Là, lancé par Djordjevic, Kafes, à 20 mètres du but, pique son ballon et lobe Coupet, trop avancé (84e, 1-1). Ce but est une merveille qu'Olympiakos ne savourera pas longtemps. Cinq minutes après, un centre de Juninho trouve Govou aux 6 mètres. Sa volée est imparable (89e, 2-1). « On a manqué de réalisme, mais certainement pas de caractère ni de tempérament, se réjouit l'entraîneur lyonnais. La manière de gagner confirme que ce groupe a de la moelle. Il reste positif même quand ça ne rigole pas. » Pourtant ça rigole assez, car Lyon vient de remporter trois matches de Ligue des champions d'affilée pour la première fois de son histoire. « C'est historique, du jamais vu ! » clame Cris. « Il faut 10 points pour passer et donc, il ne nous en reste qu'un à glaner lors des trois dernières rencontres », calcule son compère Caçapa.

Un problème ? Juninho est là.

En Grèce, l'OL en prendra trois fois plus. Son quatrième succès en quatre matches ne se dessine pourtant pas immédiatement. Cette fois, les Grecs entrent les plus vite dans la partie. Une ouverture de Kafes vers le Nigérian Babangida, que Caçapa ne parvient pas à tacler, et voilà Olympiakos devant (3e, 1-0). Heureusement, il y a toujours un coup franc à 25 mètres pour se refaire le moral. Juninho marque celui de la 41e minute (1-1). Et juste avant le repos, Carew, de l'entrée de la surface, parvient à tromper Giannou (44e). « On a souffert au début, mais peut-être qu'Olympiakos était en surrégime », explique Jean-Michel Aulas. Il faut dire qu'après le repos, les Grecs implosent. Sur un tir de Carew mal repoussé par le gardien, Diarra, seul face aux cages vides, inscrit le but du break (55e). Deux minutes après, il y a encore un coup franc. Juninho dépose le ballon sur le crâne de Carew. Il est ensuite dévié dans son but par Okkas (57e, 1-4). « Notre deuxième période a été un modèle tant Lyon a contrôlé le match tout en réussissant à inscrire deux jolis buts », résume Gérard Houllier.

▲ ***Olympiakos apprend à mieux connaître les coups francs de Juninho.***

▲ ***Kafes a réussi son lob sur Coupet.***

Déjà qualifié, Lyon se déplace ensuite à Madrid pour confirmer sa première place dans la poule. Une subtile talonnade de Carew (72e), son dernier but dans la compétition, répond à un coup franc de Guti (41e) et ce nul est vécu par l'entraîneur lyonnais « comme une demi-victoire ». Gérard Houllier lance quelques jeunes (Vercoutre, Benzema, Clerc et Clément) pour l'ultime match de ce groupe face à Rosenborg. Benzema, à la 33e minute, enflamme Gerland, mais Braaten égalise en milieu de deuxième période (68e). En fin de rencontre, Lyon parvient à arracher la victoire (2-1) grâce à Fred (90e+3) suite à une action que les Norvégiens contesteront fortement, un des leurs étant à terre pendant que l'équipe s'attendait à voir les Français mettre le ballon en touche. « L'arrogance française dans sa pire expression », selon le technicien scandinave Per-Mathias Hogmö.

Quelle arrogance française ? Les Allemands sont arrogants, les Espagnols aussi, les Italiens peuvent l'être, tout comme les Néerlandais, mais les Français ? Qui sont donc ces étrangers qui se permettent des doutes sur notre *french flair*, notre panache ? Sans doute des jaloux, des frustrés conscients que cette fois, c'est sûr, les choses ont changé. La France du football a trouvé son héraut, sa terreur de la Ligue des champions. Cette saison sera différente, c'est sûr.

▲ *Cette fois, Carew ne manquera pas.*

▼ *Zidane et le Real à la peine devant les Lyonnais intraitables.*

Un ogre passait par là

▲ ***Malouda peut remercier Juninho, encore buteur sur coup franc à Eindhoven.***

Dans la petite boule de plastique, il y a une surprise. Un nom d'équipe qui raconte un morceau d'histoire du football européen : un tirage au sort de huitièmes de finale de Ligue des champions ne peut mener complètement vers l'inconnu. Le PSV Eindhoven est justement une vieille connaissance. Dix mois plus tôt, en quart de finale de la Ligue des champions 2005, il a éliminé Lyon au bout d'une séance de tirs au but et d'une rencontre marquée par un penalty non sifflé sur le Brésilien Nilmar. Dix mois après, cette action est de nouveau relatée, décortiquée, discutée. Et voilà donc l'heure de la revanche, comme dans un film de super-héros. « Je parlerais davantage de règlement de comptes », explique Gérard Houllier, qui semble préférer les films de yakuzas.

La cohorte lyonnaise se déplace vers le Philips Stadion, escortée de ses mauvais souvenirs. À Eindhoven, Guus Hiddink se pose déjà en victime : « Il y a eu beaucoup de changements dans mon équipe (départs de Van Bommel, Park, Lee et Vogel). D'un point de vue budgétaire, nous sommes le plus petit de la compétition, mais nous ne partons pas vaincus d'avance. » D'autant que les Néerlandais n'ont encaissé aucun but à domicile depuis le début de la compétition. « La différence entre les deux équipes sera aussi épaisse qu'une feuille de papier », prévient d'ailleurs Gérard Houllier.

Revanche face au PSV

Dès la 2e minute, Lyon doit son salut à Coupet, qui, du pied, empêche Vennegoor of Hesselink d'ouvrir le score. « Il réalise un bel arrêt, reconnaîtra l'attaquant néerlandais. Normal, c'est un grand gardien. » Le portier de l'OL regarde ensuite un coup franc d'Alex filer sur le haut de sa transversale (16e). À cet instant-là, c'est plutôt le sale quart d'heure que l'heure de la revanche. Cris, blessé au nez, cède sa place à la mi-temps. Tout semble réuni pour la mauvaise surprise. Sauf que Lyon obtient un coup franc à la 65e minute. Sauf qu'il y a Juninho. « Je crois qu'il est le seul joueur au monde capable de tirer les coups francs comme ça, en donnant une trajectoire aussi bizarre », constate, admiratif, Vennegoor of Hesselink. Gomes est donc allé chercher, comme tant d'autres avant lui, le ballon dans ses filets.
Après ça, Lyon résiste. Govou, pour un tacle par-derrière sur Cocu, est expulsé à la 81e minute, au moment où ça chauffe sacrément vers le but de Coupet. L'Ivoirien Koné, qui vient d'entrer en jeu, frappe même sur le poteau du portier français (89e). Ce sera tout pour le PSV incapable d'empêcher l'OL de remporter son troisième huitième de finale d'affilée à l'extérieur, après les succès à la Real Sociedad (1-0) et Brême (3-0). « Même si, dans les dernières minutes, on a posé des barbelés et creusé des tranchées », dit Coupet. « Attention, ce n'est que la mi-temps », prévient Jean-Michel Aulas, qui ne veut pas triompher trop tôt.
Il pourra goûter son plaisir à Gerland où le PSV est laminé. La rencontre commence par une mauvaise nouvelle : un avertissement à Juninho (12e) qui le privera du quart de finale aller. Mais lorsque Tiago, servi intelligemment par Malouda, ouvre la marque (26e), Lyon a réalisé le plus difficile. D'autant que le capitaine néerlandais, Cocu, rejoint le vestiaire dès la 42e minute après un geste d'agriculture mécanisée sur Clerc. Le PSV sera puni de cela avant la mi-temps. Un coup franc de Juninho, mal dégagé au premier poteau par Lucius, profite à Tiago qui se paye un doublé (45e+4, 2-0).
Après, Lyon déroule. Gomes repousse mollement une frappe de Fred vers Wiltord, impeccable de

▲ ***Coupet survole et écœure Vennegoor of Hesselink.***
▶ ***L'expulsion de Govou, à Eindhoven, a rendu la fin de match très chaude.***
▼ ***Carton jaune : Juninho sera privé du quart de finale aller.***

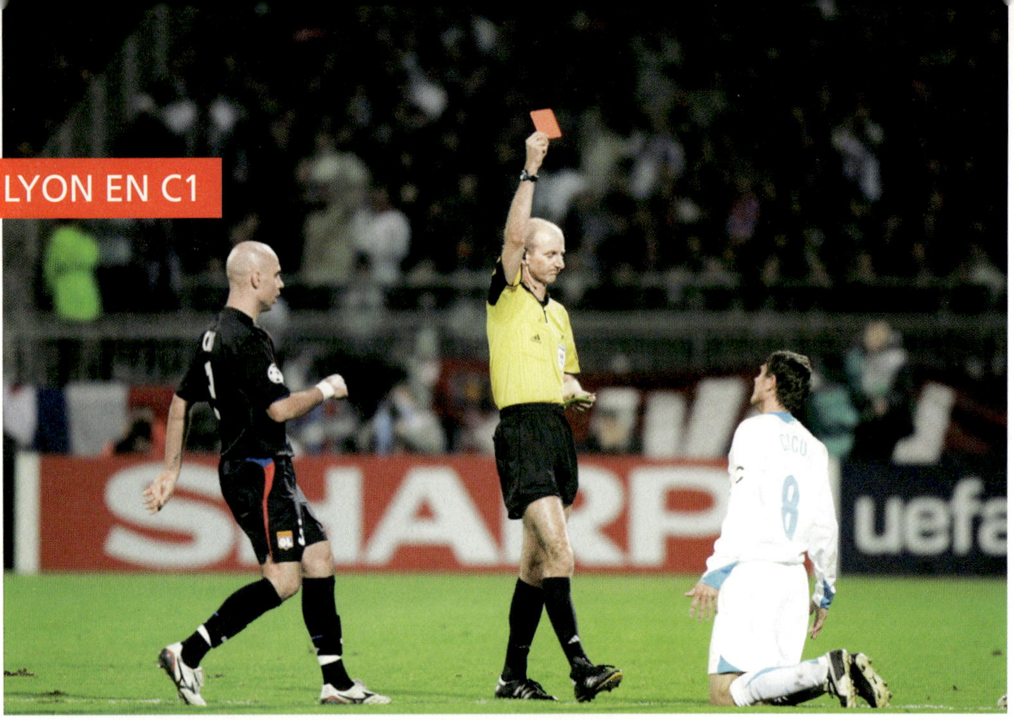

précision (71ᵉ, 3-0). Le même Fred, à la dernière minute, s'offre un double contact et un grand pont sur Aissati avant un tir des 16 mètres que Gomes ne peut toucher (90ᵉ, 4-0). L'OL est encore en quarts de finale. Pour la troisième fois de suite. « C'est phénoménal, s'emballe John Carew. Avec ce qu'on vient de montrer, il y a de quoi voir loin, donc viser la finale. » « Je pense que s'ouvre une voie vers une grande aventure, prophétise son président. Nous avons envoyé un message à l'Europe, mais nous ne sommes pas les seuls. Et ce ne sont pas toujours ceux qui lancent des messages qui réussissent. »

« Coupet nous a sauvés. »

À Milan, on semble avoir reçu le message. On y répond poliment. « Lyon est plus fort que le Bayern Munich (éliminé en huitième, 1-1 ; 4-1), dit l'entraîneur Carlo Ancelotti. L'OL pratique un jeu offensif emballant. Devant, cette équipe est vraiment impressionnante. » Lorsque le Milan AC débarque dans le Rhône, « c'est une montagne, l'un des quatre plus grands clubs européens » qui s'avance vers Gerland sans Stam, Cafu ni Ambrosini. Sur le terrain, les Milanais, finalistes de l'édition 2005 (contre Liverpool), vainqueurs de l'édition 2003 (contre la Juventus), le démontrent. Certes, à la 2ᵉ minute, Pedretti, qui remplace aussi Juninho au coup franc, oblige Dida à dégager du poing, mais le début de match est étouffant pour les Lyonnais. Coupet, de la jambe, repousse un tir de Chevtchenko (7ᵉ) et recommence à la 14ᵉ minute face à l'Ukrainien. À la 45ᵉ minute, le gardien français gagne encore son duel face à l'ancienne star du Dynamo Kiev. Entre-temps, Dida a dévié un coup franc de Pedretti sur son poteau (26ᵉ). Le portier de la sélection brésilienne est encore efficace sur une tentative de Tiago (83ᵉ), qui est averti dans les dernières secondes pour un tirage de maillot sur Kaka et manquera donc le match retour. « Ce sera difficile, mais pas impossible », estime Clerc. « Pour moi, ce 0-0 n'est pas un bon résultat, regrette Fred. Lyon ne peut pas se contenter d'un match nul à domicile. » L'entraîneur Gérard Houllier constate que son équipe « a montré trop

▲ ***Cocu expulsé avant le repos : cette fois, le PSV ne s'en sortira pas.***
◀ ***Coupet s'oppose à Chevtchenko en début de match.***
▼ ***Carew en a assez de ne pas exister face à Nesta, Costacurta et Dida.***

de respect dans les vingt premières minutes », qu'elle a été « sauvée par Coupet » et qu'elle « peut mieux faire offensivement ». Dans ce dernier propos perce une déception au sujet de la prestation de Carew qui, à San Siro, regarde du banc Fred le remplacer à la pointe de l'attaque lyonnaise.

Inzaghi, si énervant, si efficace

C'est une autre pointe, une vieille pointe, qui pique l'OL. Inzaghi est énervant depuis des années, mais Inzaghi est aussi grand. Il devance Abidal sur un centre de Seedorf et marque d'une tête croisée (25ᵉ, 1-0). Comment Lyon peut-il maintenant se qualifier ? En marquant un but, tout simplement. C'est ce que fait Diarra, sur un coup franc de Juninho (31ᵉ, 1-1). Lyon tient son résultat, Lyon tient sa demi-finale. Jusqu'à la 88ᵉ minute. Là, un long ballon de Kaladze lobe Caçapa et Abidal dans la surface lyonnaise. Derrière eux, il y a Chevtchenko. Sa frappe est touchée par Coupet. La balle file doucement vers le poteau. Elle le touche et longe la ligne de but vers l'autre poteau. Le temps est suspendu, les supporters lyonnais s'accrochent aux rideaux inexistants de San Siro. C'est sans doute pour cela qu'ils vont s'effondrer. Car Inzaghi est grand. Il a suivi cette balle et la pousse au fond (88ᵉ, 2-1). Pour que l'OL comprenne bien que cette fois, c'est fini, Chevtchenko intercepte une passe en retrait de Clerc, dribble Coupet et marque (90ᵉ+3, 3-1).

L'après-match est riche de frustrations et de leçons. « C'est une immense déception, reconnaît le président Aulas. Mais il faut reconnaître la qualité du Milan AC qui a eu besoin de quatre occasions pour marquer trois fois. Lyon a encore grandi, ce soir. » « Peut-être qu'on s'est vu qualifiés un peu trop tôt, estime Coupet. On ne peut s'en prendre qu'à nous-mêmes. » Gérard Houllier, lui, en remet une couche pour ses attaquants : « Si on peut avoir un regret, c'est que certains de nos joueurs, décisifs lors de la première phase, ne le soient plus actuellement. La différence à haut niveau se fait pratiquement toujours sur les attaquants. » Loin de ces débats, le jeune Clerc martèle : « Lyon méritait de passer ce tour. » Sans doute faut-il être jeune pour croire encore aux vertus du mérite.

▲ ***Le show Inzaghi commence (1-0).***
▶ ***Le show Inzaghi continue (2-1).***
▼ ***Pour ceux qui ne le savent pas encore, Inzaghi est celui qui ouvre la bouche.***

Le plein d'expérience

Tranquillement, le fantôme de Vahid Halilhodzic se fait de plus en plus léger. À Lille, l'entraîneur bosniaque n'est plus le seul à avoir mené le club en Ligue des champions (2001-2002). Sa figure mythologique s'estompe pour laisser la place à un autre technicien, avec d'autres méthodes, un autre discours, mais une même exigence. Claude Puel a fait ses preuves à Monaco où il fut champion de France en 2000. Il connaît donc assez bien la C1 et son pouvoir d'attraction. « À l'ASM, certains joueurs avaient considéré la participation à cette compétition comme une récompense, se souvient-il. Ils voulaient y flamber et le championnat était devenu secondaire. Au final, nous n'avions été performants sur aucun tableau. »

Le LOSC peut-il être performant dans cette Ligue des champions que la plupart de ses joueurs découvrent ? « On a tout à gagner car nous sommes les petits poucets, répond Puel. Et puis, à part Manchester, ce groupe peut être équilibré et on aura notre mot à dire. » Cela passe par un résultat à Lisbonne où le Benfica attend Lille et une renaissance. Miccoli touche vite la barre (9e) et le LOSC s'apprête à vivre une soirée difficile. « On était un peu à la dérive pendant les dix premières minutes, on manquait de repères », reconnaîtra Grégory Tafforeau. Après, Lille va mieux. Dernis (20e) puis Moussilou tentent leur chance (25e). Sylva a les doigts fermes sur un tir de Simao (31e) et ils n'ont pas molli sur un autre de Miccoli (45e+1).

La seconde période est plutôt équilibrée avec une formation lilloise bien en place, comme disent les experts. Les arrêts de jeu lui sont pourtant fatals : sur un centre de Mantorras, Miccoli, d'une tête puissante, donne 3 points à Benfica (90e+2). « Ce n'est que justice », estime Ronald Koeman, l'entraîneur lisbonnais. « On aurait mérité de rame-

▼ *À Lisbonne, face au Benfica, Tafforeau et Lille craquent en fin de match.*

ner un point, se lamente Mathieu Chalmé. On a fait les efforts nécessaires.» Manifestement, ce n'était pas suffisant.

De l'énergie, il en faudra au moins autant face à Villarreal que les Lillois accueillent au Stade de France. Quatre ans plus tôt, ils avaient disputé leurs matches à domicile dans l'enceinte de Lens. Cette fois, le stadium de Villeneuve-d'Ascq n'étant pas homologué par l'UEFA pour des raisons de capacité et de sécurité, ils évoluent dans «un stade mythique» (Chalmé). Face à eux, une mosaïque hispanisante de tous horizons. L'entraîneur Manuel Pellegrini est chilien. Il dirige des Espagnols, mais aussi six Argentins, deux Uruguayens, un Bolivien et un Équatorien. Il y a aussi un Italien, Alessandro Tacchinardi, qui a déjà disputé soixante-treize rencontres de Ligue des champions (la plupart sous le maillot de la Juventus), soit trois fois plus que l'effectif lillois. «Je pense que Villarreal est plus fort que Benfica», résume Matt Moussilou.

▲ ***Ronald Koeman veut faire croire qu'il est le chef d'orchestre.***

▼ ***Qu'est-ce que c'est que ce bazar? Lille-Villarreal.***

Manchester est mal en point

Pourtant, face au «sous-marin jaune», le surnom des Espagnols, le LOSC ne perd pas. Il ne gagne pas non plus et ne marque toujours pas. Deux fois, Moussilou, puis Odemwingie ont trouvé le chemin des filets (22e, 24e), mais ils étaient signalés hors jeu. Riquelme a touché le poteau (28e), Odemwingie la barre (56e). Tout cela s'est achevé sur un 0-0 qui laisse Lille en dernière position du groupe. «On avait du mal par moments à savoir quelle était l'équipe locale car nous avons souvent eu l'initiative», se réjouit Pellegrini, alias «l'ingénieur». «En face, on avait de sérieux clients», reconnaît Tafforeau dans un aveu d'impuissance tandis que son gardien, Tony Sylva, constate qu'il faut désormais «aller chercher une victoire à l'extérieur».

Old Trafford est à l'extérieur. Au grand air. Là dansent des vrais fantômes et des légendes encore vivantes. Ici, on ne s'embarrasse pas de politesses à l'égard d'un moustique français pourtant déjà croisé et pas écrabouillé (1-1, 0-1 en 2001). «Tout le monde attend une victoire contre Lille car on a des super-statistiques à domicile», révèle Mikaël Silvestre. Eh bien, elles seront moins bonnes dorénavant. Certes, le LOSC ne s'impose pas. Il ne perd pas non plus et ne marque toujours pas. Encore un 0-0 plus désolant pour le spectacle que pour la situation comptable des Lillois. Toujours derniers, ils ne sont qu'à 3 points du leader, Manchester United, attendu deux semaines plus tard au Stade de France pour un immédiat match retour. Lorsque les Anglais débarquent en région parisienne, ils sont en difficulté dans leur championnat et dans leur vestiaire. Roy Keane vient de fracasser ses coéquipiers dans un entretien accordé à la chaîne du club. Selon l'Irlandais, Ferdinand, Fletcher, Smith, O'Shea et Richardson ont été nuls lors de la défaite contre Middlesbrough. Alex Ferguson a demandé et obtenu la censure de l'interview.

Lille ne perd pas, mais ne gagne pas non plus...

Au coup d'envoi, Keane n'est pas là. Scholes, suspendu car expulsé à l'aller, non plus. Gary Neville, Heinze, Saha, Giggs, Solskjaer et Fortune ne peuvent pas être alignés. Cette équipe diminuée, qui doute, va se cogner à un LOSC survolté. Sur une ouverture de Tafforeau, Acimovic défie Van der Sar et place le ballon sous la barre de l'ancien gardien de l'Ajax (39e). « C'était le genre de rencontre qui revient à l'équipe qui marque la première, constate Alex Ferguson. Lille est une équipe très agressive, très motivée, très disciplinée, en somme très dure à battre. » Et qui, comme le dit Chalmé, « peut maintenant envisager une qualification » pour les huitièmes de finale. Elle ira au moins en seizièmes de finale de la Coupe UEFA si elle bat Benfica. Quarante mille de ses supporters sont attendus à Saint-Denis où les Portugais sont contraints de vaincre pour espérer encore. « Ce sont deux équipes de niveau semblable, estime Koeman. La différence se fera sans doute sur des détails, peut-être même sur un coup de chance. » Ni l'un ni l'autre, en fait, car Lille enregistre son troisième 0-0 en cinq matches. « Il nous a manqué un petit truc, reconnaît Puel. On ira le chercher à Villarreal. »
En Espagne, un nul suffit à Lille si, dans le même temps, Benfica et Manchester ne se départagent pas. Sinon, il faut gagner. « C'est le match le plus important depuis le début de la saison, avertit Puel. Pour moi, le plus important est toujours celui qui vient. C'est déjà pas mal d'être encore en course pour la qualification. » Le technicien nordiste ne prend pas pour autant l'événement à la légère. Il a envoyé Moussilou se rafraîchir les idées en CFA le week-end précédent. « Si ça ne lui fait convient pas, qu'il le montre sur le terrain, commente Puel. Des mauvais contrôles devant le but, Moussilou et Dernis en ont fait. Chez nos adversaires, des occasions comme celles-là auraient fait but. »
Sur ce plan, le compteur lillois restera bloqué à un en six matches. Car à Villarreal, Lille ne marque pas, mais cette fois, perd. À la 67e minute, à cause de Guayre. « On a disputé un match sérieux, respecté les consignes, mais il manque toujours ce petit détail », regrette Chalmé. Comme Benfica a battu Manchester, les Français devancent les Anglais à la différence de buts et empochent le ticket pour la Coupe UEFA. « Heureusement qu'il y a ça pour sauver la soirée », souffle Bodmer. Même si, comme Tafforeau, des Lillois continuent à penser qu'il y avait « la place pour se qualifier », ils se trompent. Le principe du football est d'inscrire des buts et le LOSC ne l'a pas assez respecté pour espérer mieux dans la plus exigeante des compétitions européennes.

◄◄ *Si Sylva est à terre, Dernis et Tafforeau veillent : MU ne passera pas.*
◄▲ *Alex Ferguson connaît le chemin de la sortie.*
◄ *Cristiano Ronaldo prête allégeance à Jean II Makoun.*
▲ *Guayre connaît le chemin du paradis pour Villarreal, qualifié.*

Barcelone au rendez-vous

Hormis à Madrid, il y a une sorte de moralité tacite dans l'envie de l'amateur de football de voir Barcelone remporter la Ligue des champions. Le Barça véhicule l'image d'un sport qui serait resté un simple jeu. Le Barça s'appuie sur des joueurs qui véhiculent du rêve, de l'élégance, du panache. Le Barça est entraîné par un technicien néerlandais héritier de Johan Cruyff. Frank Rijkaard a déjà gagné trois fois la C1 comme joueur (1989 et 1990 avec Milan, 1995 avec l'Ajax). En 2006, quatorze années après le dernier sacre blaugrana, il peut remonter le club catalan au sommet de l'Europe. Tout un peuple attend cela.

Plus au nord, un autre peuple attend aussi la consécration. L'équipe d'Arsenal n'a jamais remporté cette Coupe d'Europe et n'en a jamais disputé la finale. Mais les Gunners, chahutés sur leur île, dans leur ville, par Chelsea, ont l'occasion d'inscrire enfin leur nom au palmarès de cette compétition.

▼ ***Allô ? Tu ne devineras jamais ce que je fais au Stade de France.***

▲ *La famille Giuly part en vacances heureuse et si Arsène Wenger semble s'en moquer, ça fait plaisir à Henry.*
▼ *À dix, Arsenal ouvre le score grâce à une tête de Campbell.*

▲ *Frank Rijkaard ne sait pas encore qu'il va devenir un héros.*
▼ *Ronaldinho fait contrepoids avec ses cheveux.*

FINALE C1

Cette finale, la deuxième au Stade de France après Real-Valence en 2000, est symbolisée par deux énormes joueurs : Ronaldinho et Henry. Leur duel est en avant-première dans tous les journaux, sur toutes les chaînes de télé et de radio, sur tous les sites Internet. Jusqu'à l'overdose.

Des deux stars, Henry est le plus en vue. À la 3e minute, il devance Marquez, mais Valdes sort sa frappe en corner. Sur celui-ci, Henry est à nouveau dangereux, mais Valdes toujours là (4e). Arsenal a choisi de ne pas se laisser manœuvrer. L'avant-match a salué les qualités défensives des Gunners, qui n'ont pas encaissé de buts depuis 919 minutes au coup d'envoi. Ils ont été présentés comme ceux qui vont résister aux artistes du Barça, s'arc-bouter sur leur surface en attendant le contre. Ils prennent tout le monde à contretemps en posant le pied sur le ballon et la main sur la rencontre.

Voilà donc Barcelone dans le rôle du contreur. Sur une flammèche, Eto'o s'enfuit seul vers le but anglais. Jens Lehmann, tout nouveau titulaire de la sélection allemande, sort à sa rencontre et l'accroche juste hors de la surface. Le ballon file vers la droite où Giuly a suivi et marque (19e). Mais M. Hauge, l'arbitre norvégien, revient à la faute, refuse le but et expulse le portier d'Arsenal (20e). « Il n'y a pas eu d'injustice, dira l'ancien gardien de Dortmund. J'ai commis une erreur et j'ai été puni. » Arsène Wenger choisit de remplacer Pires pour faire entrer son deuxième gardien, Almunia.

Un quart d'heure plus tard, Eboué obtient un coup franc pour une faute qui n'a jamais existé. Henry place le ballon sur la tête de Campbell qui marque, oublié par Oleguer (36e). La rencontre adopte, décidément, une tournure renversante. En seconde période, Arsenal a un sérieux coup de pompe et les changements barcelonais vont lui en mettre un autre dans les fesses. Larsson, qui a remplacé Van Bommel à l'heure de jeu, donne un ballon à Eto'o, apparemment hors jeu mais pas signalé comme tel. Le Camerounais trompe Almunia et égalise (75e). Le Suédois Larsson est encore dans le coup cinq minutes plus tard. C'est lui qui sert Belletti, entré à la 72e minute, pour une action similaire à la précédente. Le latéral droit champion du monde en 2002 ne laisse aucune chance à Almunia (80e, 2-1).

Face à dix Gunners complètement épuisés, Barcelone ne peut plus laisser échapper son titre. « Il n'y a pas de mot pour dire ce qu'on ressent », clame Eto'o. Arsène Wenger, lui, sait décrire son sentiment : « Je suis en colère. Je suis très frustré car nous avons encaissé un but hors jeu. Mais les joueurs se sont comportés en héros et n'ont pas été récompensés de leurs efforts, même si Barcelone est un beau vainqueur. » Un magnifique vainqueur.

▼ ***Jens Lehmann dispute ses dernières secondes de la finale : pour cette faute sur Eto'o, le gardien allemand sera expulsé.***

▼ ***Henry raccompagne Lehmann vers la sortie.***

▲ *Les joueurs d'Arsenal réclament un hors-jeu mais l'arbitre valide l'égalisation de Samuel Eto'o.*

▼ *L'instant fatal pour Arsenal : le Brésilien Belletti place le ballon entre les jambes d'Almunia.*

RENNES EN UEFA / Osasuna • VfB Stuttgart • Rapid Bucarest • Shakhtar Donetsk • PAOK Thessalonique

L'automne leur va si mal

Le parfum de l'aventure flotte sur la Bretagne. Car cette fois, ça y est : le Stade Rennais de l'actionnaire François Pinault entre enfin en Coupe d'Europe. Pour la première fois depuis ses deux brèves expériences dans la défunte Coupe des Coupes (élimination au premier tour en 1965-66 et 1971-72), Rennes retrouve la scène européenne avec une ambition simple et noble. « L'entraîneur nous a dit de nous éclater », explique Cyril Jeunechamp. « Pourquoi leur mettre la pression ? demande Laszlo Bölöni. On ne va pas faire n'importe quoi, mais l'idée est de prendre du plaisir sans arrière-pensées. »
Dès le premier tour, le plan de marche est respecté. Grâce à Alexander Frei (deux fois) et Youssouf Hadji, Osasuna, club de Pampelune, repart battu du stade de la Route de Lorient (3-1). Seule l'expulsion de Jeunechamp, alors que le match s'achevait, donne un « regret » à son entraîneur. En face, Javier Aguirre est fâché et promet de la chaleur en Espagne : « On va être très contents de recevoir les Rennais... Nous mourrons sur le terrain s'il faut, mais nous gagnerons. » Mauvaise nouvelle (pour lui) : le match retour est un nul sans

▼ ***Emmenés par Faty, les Rennais remercient leur public : ils vont disputer la phase des poules.***

but (0-0). Bonne nouvelle (pour tout le monde) : personne n'en est mort.
Ce « match historique » (Olivier Monterrubio) assure la présence des Rennais dans la phase de poules qu'ils entament à domicile contre Stuttgart avec beaucoup d'absences : Kallström, Isaksson, Ouaddou, Jeunechamp ni Perrier-Doumbé, tous blessés. Les Allemands ont de l'expérience et des internationaux reconnus (le Suisse Magnin, le Croate Soldo, les Danois Gronkjaer et Tomasson) en même temps qu'un entraîneur légendaire, l'Italien Giovanni Trapattoni. Ils ne se créent pas beaucoup d'occasions hormis une incursion de Tomasson stoppée par Pouplin, la doublure d'Isaksson (30e), mais dominent les duels et ne commettent aucune erreur de placement.

Stuttgart, la piqûre du serpent

Les Rennais sont en apnée jusqu'à l'heure de jeu. « Toute la première période, on a trop respecté l'adversaire, expliquera Bölöni. J'ai demandé ensuite plus d'audace et on a repoussé Stuttgart dans ses 16 mètres. » Effectivement, le VfB recule et vit un sale quart d'heure entre la 70e et la 85e minute. Mais les Bretons sont maladroits (Utaka, seul, vrille sa frappe qui file à côté, 82e) ou victimes de la vigilance du gardien

▲ ***Ça ne se voit pas, mais le début de saison d'Utaka est maladroit.***
▼ ***À Osasuna, Kallström et Gourcuff protègent le ballon.***

Hildebrand (Monterrubio, 72e). Que peut-il, dès lors, se passer ? Un grand classique en fait : les Allemands desserrent une fois l'étau grâce à l'ex-Lillois Delpierre qui centre vers Tomasson. Ouverture du score (87e). Avec un rab de cruauté : à la dernière minute, suite à une faute dans la surface d'Edman sur Tiffert, l'ex-Parisien, ex-Strasbourgeois, ex-Sochalien Ljuboja transforme un penalty (2-0).

Bölöni se dit « abattu », mais ne voit pas « toutes les chances de qualification compromises ». Elles le seront davantage deux semaines plus tard à Bucarest. L'entraîneur rennais, champion d'Europe avec le Steaua en 1986, retrouve son pays pour une défaite douloureuse face au Rapid. Une reprise molle de Frei (25e) a été la seule action bretonne de la première période qui s'achève sur l'ouverture du score de Niculae (42e). « On prend ce but au moment où on est le mieux, ça nous a mis un coup derrière la tête », analysera Yoann Gourcuff. À la reprise, Utaka frappe sur le poteau (47e). Briand, lui, touchera la barre à la 89e minute. Entre-temps, une tête de Buga a scellé la deuxième défaite d'affilée du Stade Rennais (2-0). « On perd à cause d'une attaque trop faible, juge Bölöni. On aurait pu passer. Maintenant, la qualification est de plus en plus difficile. »

Elle est même très compromise avant même le troisième match. Exempt lors de la troisième journée, Rennes l'aborde avec 6 points de retard sur les trois premiers et virtuels qualifiés, Stuttgart, Rapid Bucarest, Chakhtior Donetsk. Les Ukrainiens sont justement en ville ce 1er décembre 2005. Les Bretons doivent les battre pour ne pas être éliminés. La tâche s'annonce complexe face à une équipe que Bölöni considère comme « la plus forte du groupe ». « On ne peut pas contourner une certaine réalité, admet le technicien roumain, presque résigné. Les choses sont faites à 80 % dans ce groupe et si on est dans cette situation, on le doit à un réalisme insuffisant. »

Dix buts encaissés, un seul marqué

Le match valide une nouvelle fois ce constat. Le Chakhtior le maîtrise du début à la fin. Fébrile en défense, maladroit en attaque, Rennes ne s'approche jamais du but adverse en première période. En revanche, Donetsk est dangereux par

▲ ***Bouche pincée pour Frei (au centre) : Stuttgart était trop fort.***

▼ ***Bouche pincée, encore, pour Frei dont la reprise est molle.***

On ne peut pas contourner une certaine réalité

Aghahowa (tir au-dessus, 12e), puis Elano (coup franc sorti par Pouplin, 30e). Avant le repos, Faty accroche Aghahowa dans sa surface. Elano réussit le penalty (38e) qui brise la dernière illusion bretonne. Pour l'entraîneur de Donetsk, Mircea Lucescu, ce résultat est « logique face à une équipe jeune ». Son compatriote et compagnon de gloire au Steaua, Laszlo Bölöni, admet que son groupe « a pris de l'expérience », mais livre son agacement : « Je suis énervé par notre timidité en première période. On a montré toutes nos faiblesses avec tellement d'hésitations ! »
Lors de la dernière rencontre, qui ne sert plus à rien, Rennes, grâce à Briand, marque son unique but de cette phase de poule. Il ne sert à rien car, en Grèce, le PAOK Thessalonique s'impose 5-1. Quatre défaites en quatre matches, dix buts encaissés, un seul marqué : finalement, l'aventure n'a pas eu la fragrance espérée.

◄ ***Briand est coincé par les Roumains du Rapid Bucarest.***
▼ ***Le jeune Gourcuff n'y peut rien : Rennes n'est pas au niveau.***

LENS EN UEFA / Grodzisk • Steaua Bucarest • Halmstads BK • Berlin • Sampdoria Gênes • Udinese

Le prix de l'inconstance

▲ ***Même pour la Coupe Intertoto, les supporters lensois chantent et brandissent leurs banderoles.***

La Coupe Intertoto est, selon l'ambition de chacun, une chance à saisir ou une punition estivale. Lens la vit comme un devoir à la maison. Appliqué face aux Allemands de Wolfsburg en demi-finale (4-0 ; 0-0), le Racing doute en finale aller à Cluj (qui a sorti Saint-Étienne au premier tour). De Roumanie, les Lensois repartent avec un nul (1-1, but de Lachor sur coup franc). Deux semaines plus tard, près de 38 000 personnes assistent, au stade Félix-Bollaert, à un solide succès (3-1, buts de Hilton et Coulibaly, penalty de Cousin).

Voilà donc Lens au premier tour avec, déjà, de l'ambition assumée : « La Coupe de l'UEFA est l'une de nos priorités », lance Alou Diarra. Mais si Hilton, de la tête (12e), lance parfaitement la partie face aux Polonais de Groclin Grodzisk, un but contre son camp de Lachor dans la minute qui suit place son équipe en inconfortable situation. La barre repousse un tir de Cousin (20e), le poteau une tête de Gillet (39e). Grodzisk repousse Lens. Le public pousse des cris d'agacement.

Les Lensois sont désormais obligés de s'imposer en Pologne. Là-bas, l'avant-match est un modèle de ce que le professionnel du sport appelle le respect de l'adversaire. Jérôme Leroy : « Groclin Grodzisk est encore plus faible que Cluj. Pour moi, c'est toujours de l'Intertoto, pas la Coupe de l'UEFA. » Daniel Cousin : « Franchement, cette équipe, je ne l'ai pas trouvée extraordinaire. » Francis Gillot : « On devrait passer face à ces Polonais. » D'un autre côté, le technicien français concède que son équipe « laisse beaucoup de forces dans cette épreuve » et que pour lui, « ce ne serait pas un drame si Lens était éliminé. Pour les joueurs, peut-être un peu plus... ».

Naufrage à Bucarest

Ce «vœu» ne sera pas exaucé. Il y a dans l'enceinte du club soutenu par Groclin, fabricant d'équipements automobiles, seulement 3 000 spectateurs. Qui voient six buts. À la 53e minute, une volée de Cousin porte le score à 3-0 (Cousin a déjà marqué à la 23e, suivi par Dindane). Un penalty de Sedlacek, sanctionnant une main de Diarra, redonne espoir aux Polonais qui se rapprochent encore grâce à une tête de Sablik (79e, 2-3). Mais dans les arrêts de jeu, un coup franc de Lachor envoie fermement Lens vers la phase de poules où le Steaua Bucarest l'attend à la fin du mois d'octobre.

Champion d'Europe en 1986, éconduit de la Ligue des champions au tour préliminaire par Rosenborg, le géant roumain est plus qu'un fantôme, « une équipe forte, homogène », selon

▲▲ ***Face à Cluj, Lens avance comme un seul homme.***
▲ ***Face à Lens, le Steaua a avancé comme un seul homme.***
◄ ***Hilton, premier buteur du premier tour lensois.***

Gillot. Bien vu. Une frappe trop écrasée de Thomert en début de rencontre (2e) sera la seule occasion française. Une tête piquée de Iacob (14e) inaugure la marque, complétée à la 16e minute par un nouveau coup de crâne de Goian. « Quand vous êtes mené 2-0 par une équipe comme celle-là, c'est difficile de s'en relever », reconnaîtra Francis Gillot. Itandje, efficace deux fois face à Bostina (19e) puis Ogararu (28e), ne peut rien contre Dica (44e), le même ajoutant un quatrième but peu avant l'heure de jeu (59e). Pour que le tableau soit complet, Aruna Dindane, averti une seconde fois, est expulsé (76e). « À part un ou deux joueurs, c'est un naufrage collectif sur le plan mental, dit Gillot. Quand on ne fait pas les choses à 100 % en Coupe d'Europe, on est puni comme ce soir. »

Le coach lensois aime piquer son groupe au vif. Il recommencera quelques jours plus tard, tandis que le Racing s'apprête à disputer sa deuxième rencontre, face aux Suédois de Halmstad : « Après le non-match de Bucarest, il faut réagir. En fin de saison dernière, les joueurs se sont battus pour accrocher une place européenne. Je suis curieux de savoir comment ils vont s'y prendre maintenant qu'ils sont dos au mur. » « En vérité, nous n'avons plus le choix, enchaîne Cousin. Ces derniers temps, nous nous étions un peu endormis et cette gifle à Bucarest nous a peut-être fait du bien... » Après une série de sept nuls en L1, Lens vient de s'imposer enfin en Ligue 1, contre Toulouse (1-0). Son appétit est aiguisé d'autant que, « sans victoire, on serait éliminé à 95 % », prévient Gillot.

Le triplé de Cousin

La victoire est là. Aux 14e et 33e minutes, Cousin place deux têtes imparables. Et juste après le repos, il frappe dans la lucarne (46e). Ce triplé est complété par une nouvelle tête, celle de Jemaa qui vient de remplacer Jérôme Leroy (73e), puis encore une tête de Lachor dans les arrêts de jeu (90e+2, 5-0). « Nous revenons à un goal-average positif et nous nous remettons dans la course », se réjouit Francis Gillot qui débarque à Berlin, trois semaines plus tard, sur une série de quatorze matches sans défaite en championnat de France. Pour autant, Lens a du mal à gagner et ne s'en remet qu'à son seul Cousin. « Quand il ne marque pas, nous avons un vrai problème », reconnaît son entraîneur. « En ce moment, c'est vrai, dit Carrière, il y a Cousin et les autres. »

Les Suédois de Halmstad piqués trois fois par Cousin.

À l'Olympiastadion, pourtant, il n'y aura personne. Le Hertha est ectoplasmique, Lens aussi. Il y a eu deux tentatives de Bastürk, maîtrisées par Itandje, et rien d'autre (0-0). Mais « c'est un bon nul », se réjouit Gillot qui attend désormais « un succès à Bollaert contre la Sampdoria ». Les Italiens n'ont besoin que d'un point pour franchir ce tour, mais « ce serait bête de passer à travers après tant d'efforts », assure Cousin, attaquant d'un groupe stressé. « Il y a une grosse tension, c'est vrai, explique l'entraîneur. Nous devrons mettre une grosse pression sur cette équipe qui perd peu, mais perd un peu ses moyens si elle est bousculée. »

Alors, Lens bouscule. Cousin tire (5e), Jussie tire (6e), Keita tire (7e). À force de tirer tous dans le même sens, les Lensois vont y arriver. Sur une passe en retrait trop timide de Volpi, Thomert surgit, intercepte et lobe le gardien (10e, 1-0). Une occasion génoise, une demi-volée de Flachi, suffit à la Samp' pour recoller (24e, 1-1). Soudain, même si Castellazzi doit être ferme sur une puissante frappe de Cousin (41e), les Lensois ne bousculent plus. Ils tremblent même, surtout le poteau sur lequel Itandje détourne une minasse de Flachi (45e). Rien ne se passe ensuite, et tout va donc dépendre du résultat du Hertha Berlin face à Bucarest. Non, en fait, car Cousin est seul face à Castellazzi (88e). Si, tout compte fait, car Cousin tire sur le portier italien. Mais non, finalement, car Jemaa réussit à marquer d'un tir croisé alors que le chronomètre était à bout de souffle (90e+2, 2-1). « Gagner à la 92e, c'est beau, mais j'aurais préféré un 3-0 après un quart d'heure », commente Gillot.

Udine, le cran au-dessus

Deux mois plus tard, un autre club italien attend Lens. L'Udinese, réorienté depuis la Ligue des champions où il a terminé troisième de son groupe derrière Barcelone et le Werder, semble pourtant un cran au-dessus de tout ce que les Nordistes ont vu depuis le début de la saison. Leur 44e match le démontre d'ailleurs. Un cadeau de Candela profite à Frau, réorienté depuis à l'Olympique Lyonnais au mercato, mais l'ex-Sochalien croise trop son tir (6e). Une position de hors-jeu invalide ensuite le but de Di Natale (9e), mais il aura sa revanche. Servi par un centre en retrait de Rossini, un tournedos autant qu'un caviar, il ouvre le score avant le repos (35e). Obodo est

ensuite très présent devant les buts d'Itandje, heureusement vigilant (44e, 50e). Mais le Brésilien Barreto, qui a remplacé Di Natale à la 56e minute, conclut une contre-attaque (61e) avant de s'offrir un doublé en fin de rencontre (81e, 3-0). Assou-Ekotto trouve bien la lucarne à la 90e+2, mais cette fois, il n'y aura pas de bénédiction des arrêts de jeu, car De Sanctis part chercher le ballon. Un tel écart met le Racing en très mauvaise posture et son entraîneur en colère.

« C'était un match du dimanche matin ! »

« L'Udinese a fait un match de Coupe d'Europe et nous, un match du dimanche matin, éclate Gillot. On est sanctionné et le score est mérité. Oui, je suis en colère. Comment ne pas l'être ? C'est une faute professionnelle. Ce n'est pas parce qu'on ne joue pas Lyon ou le PSG, et que les tribunes sont presque vides (8 000 spectateurs) qu'il ne faut pas produire du bon football. Jouer tous les trois jours depuis six mois pour en arriver là ! Ne me parlez plus de Coupe d'Europe ! »

Il le faut bien pourtant, car il y a un match retour. Il se profile quatre jours après une défaite à Rennes (1-4) qui a décuplé la colère du coach. « Avant d'aller en Bretagne, j'avais deux options : refaire confiance à ceux qui avaient failli à Udine ou bien changer. J'ai choisi la confiance et je n'ai pas été satisfait. C'est là qu'un entraîneur peut dire qu'il s'est trompé. Mais il n'y a pas de sanction, la fraîcheur mentale ne se retrouve pas en trois jours. » Du coup, Chabbert remplace Itandje dans les buts tandis que Diarra et Hilton sont sur le banc. Frau, d'une belle volée (55e), permet aux Sang et Or de s'imposer et d'apaiser son entraîneur, malgré cette élimination attendue. « Je pense que nous n'étions pas moins forts qu'Udine, regrette ce dernier. On a marqué un peu tard et on n'avait plus assez de forces en fin de match pour inscrire un deuxième but. Le regret, c'est d'avoir joué pendant 90 minutes au lieu de 180. »

▲ ***Jemaa croit qu'il va frapper, mais Van Burick est là.***
◀ ***Cette fois, Jemaa a frappé et Castellazzi, gardien de la Sampdoria, constate la défaite.***
▼ ***Frau, seul buteur lensois en seizième de finale, face à l'Udinese.***

Promenade de santé

▲ ***Dès la Coupe Intertoto, Ribéry fait danser l'adversaire (ici contre la Lazio).***

La route de l'OM jusqu'à la Coupe de l'UEFA ne ressemble pas à l'Intertoto. Dès la demi-finale, il faut éliminer la Lazio Rome (1-1 ; 0-3). Et en finale, il n'y a pas de voyage vers une destination inconnue, dans un pays oublié des cours de géographie. Non pas que La Corogne soit la ville la plus célèbre d'Espagne, mais grâce à son Deportivo, depuis quinze ans, l'Europe du football sait qu'en Galice, là où la péninsule ressemble à la Bretagne, une équipe est dangereuse. Marseille repart d'ailleurs du stade du Riazor en situation difficile (défaite 0-2, buts de Ruben Castro et Ivan Carril).
Elle sera rétablie au Vélodrome au bout d'un match hallucinant. Dès la 4e minute, Ribéry donne un espoir (1-0) ratatiné par Jorge Andrade (1-1) cinq minutes plus tard. Duscher et Ribéry expulsés dès la 12e minute, le public marseillais assiste alors à un 10 contre 10 stérile jusqu'au repos. Et même lorsque Meïté donne un nouvel avantage aux siens (65e), les meilleurs mathématiciens doutent de la faculté des Phocéens à inscrire deux buts sans en prendre lors des vingt-cinq dernières minutes. Le carton rouge reçu par Capdevila (71e)

ouvre cependant quelques espaces dans le bloc espagnol, réduit à neuf. Niang en profite vite (73e, 3-1). Il manque alors un seul but à l'OM, que le Sénégalais marquera à la 88e minute avant qu'Oruma ne complète le score (90e, 5-1).

C'est l'exploit de l'été, une performance unique situant la valeur d'une équipe pourtant en difficulté en championnat de France. L'entraîneur de La Corogne, Joaquim Caparros, a une autre vision : « Cette rencontre a été un véritable scandale. C'est une chance que mes joueurs se soient comportés comme ils l'ont fait car le match aurait pu être arrêté par manque d'effectif… Vous avez vu les Marseillais ? Et nous avons noté un changement d'attitude du trio arbitral au repos. On peut parler de véritable persécution ! »

Barthez résiste à Moscou

La frustration galicienne est un lointain souvenir lorsque l'OM débarque à Moscou, le 20 octobre 2005, pour affronter le CSKA, tenant du titre. Privé de ses meilleurs joueurs offensifs, le favori du groupe F propose un 3-5-2 frileux effrité dès la 23e minute par une tête de Lamouchi consécutive à un centre de Taiwo (0-1). Un quart d'heure après, une passe en retrait de Berezowski profite à Oruma qui centre vers Niang. But. Marseille mène 2-0 au repos.

Le jeu a à peine repris qu'une faute peu évidente de Taiwo sur Samodin provoque un penalty. Barthez repousse le tir d'Ignachevitch (49e). Le gardien international se montrera encore impeccable face à Samodin (64e), puis Almodine (65e). Il ne peut rien, en revanche, sur une reprise à bout portant de Vagner Love, blessé mais entré à l'heure de jeu (82e, 1-2). Cela n'empêche pas l'hommage de Valeri Gazzaev : « Nous avons perdu contre un seul joueur : Barthez. » Sinon, l'entraîneur russe est plutôt circonspect : « Marseille est une équipe de niveau moyen, je ne lui ai rien trouvé de spécial. Elle a marqué sur ses deux seules attaques. » Sabri Lamouchi, qui a inscrit le premier but de la tête de sa carrière, reconnaît « qu'il n'y a eu qu'une seule équipe sur le terrain, la russe, en deuxième période ». « Mais l'arrêt de

Niang, héros face à La Corogne.

Barthez, solide et efficace, repousse le penalty du capitaine du CSKA Moscou, Ignachevitch.

▲ ***Jean Fernandez a l'air stressé.***

Fabien intervient à un moment important car il restait quarante minutes à jouer, poursuit Jean Fernandez, l'entraîneur de l'OM. Nous avons subi après le repos, mais nous étions bien rentrés dans ce match. Cela nous met dans d'excellentes dispositions dans ce groupe. »

▲ ***Taiwo a libéré les siens contre Heerenveen.***

▼ ***Gimenez a été vu à Sofia sous le maillot de l'OM.***

Dans la peau d'un favori

Tellement excellentes que Marseille, dès la fin du deuxième match, un mois plus tard, est certain de disputer les seizièmes de finale. « Gagner à Moscou et perdre contre Heerenveen, ce serait dommage », avait prévenu Jean Fernandez. Pourtant, le succès est long à venir face à des Néerlandais bien organisés. Il faut attendre la dernière minute et une touchette (une très petite touchette) du gardien Vandenbussche sur Mendoza pour que Taiwo libère l'OM sur penalty (1-0). « Toutes les conditions étaient réunies pour un match désastreux, résume Barthez. En raison du froid, d'un adversaire totalement inconnu, il y avait tout pour un faux pas. Finalement, nous sommes qualifiés (grâce au succès du CSKA Moscou contre le Levski Sofia) et c'était l'objectif de la soirée. »

Dans ces conditions, le déplacement suivant revêt une importance relative. À Sofia, « on fera tout pour s'imposer, mais ce n'est pas capital », avertit Fernandez. Il choisit de mettre sept des titulaires vainqueurs de Monaco le week-end précédent au repos. Lamouchi, Oruma, Ribéry, Niang, Cana, Déhu et Taiwo ne participent pas à une défaite qui permet aux Bulgares de se qualifier eux aussi (but de Yovov à la 54ᵉ minute). « Je n'ai aucun regret par rapport à mes choix, assume l'entraîneur provençal. Le but a tout changé car on s'est désorganisés défensivement. »

Rien de dramatique toutefois d'autant que ce revers n'empêchera pas Marseille de terminer premier de son groupe. Devant 30 000 spectateurs,

le Dinamo Bucarest se présente au Vélodrome avec un petit espoir. Niculescu et Munteanu, qui se heurtent à Barthez (18e, 23e), montrent que les Roumains sont venus chercher leur billet. Mais après cela, Marseille pose sa patte sur le match. Delfim (23e), Gimenez (26e), Nasri (26e), Andre Luis (37e) ont lancé des avertissements. Sur un corner, Cesar place une tête victorieuse qui les confirme (38e). Et juste avant le repos, d'un puissant tir du gauche, Delfim double la mise (45e+2, 2-0). Si le Dinamo réduit le score par Niculescu sur coup franc (52e), l'OM ne lâche pas sa victoire, saluée par un tir d'Oruma sur la transversale (90e+3). « Nous avons fait la différence sur les coups de pied arrêtés contre une équipe qui a tout mis en œuvre pour gagner en alignant une équipe offensive », analyse Jean Fernandez. Finalement, le Dinamo termine dernier d'un groupe serré d'où émergent Heerenveen et le Levski Sofia derrière l'OM.
Marseille a atteint son objectif. Deux fois finaliste de l'épreuve au cours des sept dernières saisons (1999 contre Parme et 2004 contre Valence), l'OM attend le mois de février avec gourmandise. Son ambition est légitime vu le niveau d'ensemble des trente-deux équipes qualifiées. Avec l'AS Rome et Schalke, Marseille devient un prétendant.

▲ ***Lamouchi et Marseille survolent le Dinamo Bucarest.***
▼ ***Qui se cache donc sous cette montagne marseillaise ?***

Retour à l'ordinaire

Puisque, en 2004, lors de son parcours vers la finale, l'OM a sorti Liverpool, puis Newcastle, il n'a aucune raison d'avoir peur de Bolton. Bolton, club anglais dont la spécialité récente est d'accueillir des Français ou des anciens joueurs du championnat de France (Djorkaeff, Laville, N'Gotty, Ba, Fernandes, Diouf, Faye, Fadiga, Okocha entre autres). L'autre spécialité de Bolton, qui n'est pas récente, consiste à ne jamais rien gagner.

Difficile donc, de hurler à l'affiche européenne au moment de fouler le Reebok Stadium des Wanderers (les vagabonds, en français, sont en effet plutôt bien chaussés). Jean Fernandez ne hurle pas, il craint. L'atmosphère et, surtout, cette caricature de jeu à l'anglaise qui pourrait créer des soucis à son OM. « Ils vont mettre beaucoup de pression, pratiquer un jeu direct avec de longs ballons et des gars forts dans le jeu aérien, prévient-il. Il ne faut pas subir. » Visiblement, ses joueurs ont compris le message et s'efforcent de priver leur adversaire du ballon.

Une sortie au poing de Fabien Barthez dès la première minute, puis une main très ferme du gardien des Bleus sur un boulet de Jay-Jay Okocha (7e) rassurent ses partenaires. Dès lors, Marseille s'enhardit. D'abord par Taiwo (19e), puis par Niang qui frappe au-dessus (35e). Juste avant le repos, Jaaskelainen dévie en corner une puissante tentative de Taiwo (44e). Ensuite, Niang recevra une occasion en or, mais poussant trop son ballon, il permettra au portier finlandais de s'en saisir. « Je suis frustré, regrettera Jean Fernandez, car nous avons eu les meilleures occasions, notamment celle de Niang. Et l'arbitre a été très sévère avec l'OM puisqu'on repart avec cinq cartons jaunes (Oruma, Cana, Cesar, Ferreira, Barthez). » Son homologue est d'accord : il y a un problème d'arbitrage. « Une fois encore, Bolton a été pénalisé par l'arbitre, peste Sam Allardyce. Il nous a refusé un penalty flagrant sur une main de Déhu avant le repos. »

◀ ***Niang, Ribéry et Beye en route vers la qualification face à Bolton.***

La cagade de Barthez

Le coach anglais a raison de se plaindre sur ce coup-là. Il positive aussi : « Ce 0-0 n'est pas si mal, je sais qu'on peut marquer à Marseille. » Il a encore raison. À la 25e minute, sur un centre d'Okocha, Barthez commet une faute de main et relâche le ballon devant Giannakopoulos, qui en profite tranquillement pour ouvrir le score. « Ça ne pouvait pas commencer plus mal, résume l'ancien gardien de Manchester United. Je savais qu'il allait se passer ce genre d'événement, j'en avais parlé à Laurent Spinosi, l'entraîneur des gardiens. »

Depuis cinq rencontres, l'OM n'a marqué qu'un seul but et le voilà déjà obligé d'en inscrire deux pour espérer une qualification. Sur le banc, Albert Emon, qui remplace Jean Fernandez, opéré de calculs dans la vésicule biliaire, se fait un peu de souci. D'autant que les vagabonds la jouent légionnaires romains en pratiquant une tortue ultra compacte laissant peu d'espaces. Heureusement, il y a le grand Ribéry. Sur un centre de Nasri, il se montre plus rapide que Giannakopoulos et ajuste une tête qui replace l'OM dans le bon sens (45e+1, 1-1).

Après la pause, le jeu appartient à Marseille. Un tir lointain de Nasri est dévié par Jaaskelainen (50e), puis Oruma et Ribéry sèment le trouble

▲ ***Barthez s'est « coupé » et raconte sa peine au ciel.***
▼ ***Ben Haïm n'aurait pas dû toucher à ce ballon…***

dans la surface anglaise (53ᵉ). Finalement, un centre de Beye vers Niang est touché par Ben Haïm et achève sa route dans le but de Bolton (68ᵉ, 2-1). Marseille a renversé la situation et les Wanderers seront reconduits aux portes de la ville et de la Coupe de l'UEFA comme des vagabonds. L'OM est en huitième. Fabien Barthez exulte : « Je suis très, très fier de mes joueurs. Après le premier but, ils m'ont tout de suite regardé et semblaient me dire : " Ne t'inquiète pas. " Ce soir, j'ai joué avec leur carrière et ils m'ont sauvé la mise. »

Deux semaines plus tard, pour les huitièmes de finale, le Vélodrome reçoit le Zénith Saint-Pétersbourg. Pas de quoi s'affoler, même si les Russes ont sorti Rosenborg en seizièmes. D'ailleurs, Marseille ne s'affole pas, mais fonce dans le tas. Par Nasri, deux fois (9ᵉ, 19ᵉ), puis Oruma, deux fois aussi (24ᵉ, 44ᵉ). À la 36ᵉ minute, Lamouchi, à bout portant, a placé une tête sur Malafaiev, le gardien du Zénith. À l'opposé, Barthez sera décisif sur un tir d'Archavine (49ᵉ), mais la deuxième période qui vient de démarrer est compliquée pour l'OM. Sa défense subit de plus en plus et lorsque Archavine enroule une frappe qui termine dans le petit filet (51ᵉ), personne n'est complètement surpris. Ribéry conteste autant cette fatalité qu'une décision arbitrale (57ᵉ). Carton jaune. Un tacle contestable sur Skretl lui en vaudra un deuxième à la 70ᵉ minute.

À Saint-Pétersbourg, il n'y aura pas de révolution russe

Pendant les vingt dernières minutes, Marseille fait plus ample connaissance avec Trifonov. Un coup franc juste à côté (75ᵉ), un tir repoussé par Barthez (78ᵉ), un autre sur la barre (88ᵉ) et enfin un tête-à-tête perdu face au gardien chauve (89ᵉ). « Après le but, nous nous sommes désorganisés, énervés et nous avons perdu les duels, s'agace Jean Fernandez. Et l'expulsion de Ribéry a compliqué les choses. » Son confrère Vlastimil Petrzla serait presque déçu, lui aussi : « Dommage de ne pas avoir davantage fait la différence, on l'aurait mérité. Nous avons toujours contrôlé la situation. »

▲ ***Taiwo a du mal à rattraper Ayukov.***
▼ ***Ribéry va danser tout seul dans le vestiaire pendant les 20 dernières minutes du match contre le Zénith Saint-Pétersbourg.***

▲ ***Albert Emon, qui assure l'intérim de Jean Fernandez, est expulsé.***

Comment la retourner ? Dans l'ancienne Leningrad, Marseille a besoin d'une révolution. « C'est une mission très, très difficile, voire plus que ça », soupire Fernandez, interdit de vestiaire par l'UEFA tandis que son adjoint Albert Emon est suspendu. Du coup, José Anigo, le diplomate et toujours subtil directeur sportif, prend place sur le banc. Ribéry et Oruma, suspendus, n'y sont pas assis. Barthez non plus (déchirure au mollet). Quant à Maoulida et Pagis, ils ne sont pas qualifiés.

La première période est dominée par les Russes, mais sans occasion. Les Marseillais n'approchent jamais du but du Zénith et la deuxième frappe cadrée de Saint-Pétersbourg est la bonne : une frappe de Kerjakov, à l'entrée de la surface, est mal repoussée par Carrasso et le ballon file vers son poteau droit avant d'entrer dans le but (69e). À nouveau, l'OM doit marquer deux fois. Il lui reste une vingtaine de minutes pour y parvenir. Il peut croire à l'exploit lorsqu'un coup franc de Déhu, dévié par le mur, achève sa course dans les filets (74e). D'exploit, il n'y aura pas dans cette fin de match que Delfim termine dans les buts, Carrasso ayant été expulsé pour avoir maltraité Kerjakov (90e). « Si on avait affiché le même état d'esprit à l'aller, les choses auraient pu être différentes », regrette Fernandez. Marseille, comme les autres clubs français, s'arrête avant les quarts de finale. Marseille retourne à son ordinaire. Marseille retourne à la bagarre pour une qualification en Coupe Intertoto.

▲ ***Vjestica et Radimov sont heureux : le Zénith est au zénith au Vélodrome.***

MONACO EN UEFA / Betis Séville • Viking Stavanger • Hambourg • Slavia Prague • CSKA Sofia • FC Bâle

Concert de fausses notes

Le Rocher rêve d'une symphonie. D'une aventure flamboyante qui replace Monaco au firmament de l'Europe, comme en 2004. La finale de Ligue des champions perdue contre Porto (0-3) est une braise mal éteinte et si l'ASM est vite rentrée dans le rang (éliminée en huitièmes par le PSV Eindhoven en 2006), l'espoir d'une nouvelle épopée habite encore la Principauté. Comme un an plus tôt, ce désir dépend du tour préliminaire qui propose aux Monégasques le quatrième de la Liga, le Betis Séville, qui n'a jamais participé à la C1. Suffisant pour le rendre sympathique ? Non, selon Didier Deschamps : « On a un vécu européen supérieur, mais contrairement aux Espagnols, nous avons pas mal de nouveaux joueurs et ça peut atténuer notre supposé avantage. »
Le Betis touche trois fois la barre, mais Edu finit par tromper Roma (90e+4) pour donner un petit avantage aux siens avant le déplacement en Principauté (1-0). Là, les choses démarrent mal. Une tête d'Oliveira donne l'avantage aux Andalous à la 17e minute. Gerard rétablit la situation d'une demi-volée en lucarne (33e) et Monaco a l'occasion de prendre l'avantage avant le repos sur penalty. Mais Meriem frappe au milieu, sur Doblas (38e). Maoulida (63e) et Oliveira (75e) se répondront ensuite pour sceller un nul (2-2) qui élimine l'ASM. Depuis Lyon, en 2000 face aux Slovènes de Maribor, aucun club français n'avait échoué à ce stade. « Ça aura des conséquences, assène Deschamps. Je n'ai pas envie d'en dire plus, mais je vous le confirme. Des conséquences sportives et économiques. »

Monaco terrassé par un Viking

Effectivement, deux mois plus tard, c'est un autre entraîneur monégasque qui parle. L'Italien Francesco Guidolin, qui voit dans la Coupe de l'UEFA un bon moyen de relancer son équipe. Le

▼ *Givet et Nhleko ne dansent pas le hip-hop : le Sud-Africain de Stavanger est simplement en train d'inscrire le but de la victoire face à Warmuz.*

premier match l'oppose au Viking Stavanger. En Norvège, elle croise un gardien français, Anthony Basso, et un technicien connu, Roy Hodgson, qui dirigea notamment Blackburn, l'Inter, la Suisse et la Finlande. Guidolin aligne une défense à trois. Elle craque dès la 18e minute. Une tête de Gaarde est repoussée par Warmuz vers le Sud-Africain Nhleko qui marque. Au repos, Evra est remplacé et en est fâché. Dans les arrêts de jeu, Maicon envoie la balle sur la barre et en est déçu. Son coach aussi : « Un nul aurait été plus juste. »
Juste, Monaco l'est encore un peu. Dans ce contexte, la venue de Hambourg au stade Louis-II est « un gros test », selon le capitaine Gaël Givet. « On a déjà grillé notre joker contre la plus faible équipe du groupe, dit-il, et si on veut espérer, il nous faut absolument vaincre. Les Allemands sont physiques et savent aussi bien jouer au ballon. Ils ont de bons joueurs comme Van Buyten et Van der Vaart. » Cela ne se verra pas vraiment. La première période appartient à Monaco en exclusivité. « On avait vu sur cassette que le HSV développait un jeu assez lent lorsqu'il avait la balle et on a donc voulu élever notre rythme et notre vitesse », expliquera Guidolin. Une reprise de Zikos est repoussée sur la ligne par Boulahrouz (37e), mais Wächter, sorti au-devant d'Adebayor, lancé par Meriem, ne peut empêcher le Togolais d'ouvrir le score (45e, 1-0). Boulahrouz sauve une nouvelle fois les Allemands devant une frappe d'Adebayor, mais la prochaine fois qu'il fera parler de lui, en fin de match, ce sera pour son expulsion. Lien de cause à effet ? Veigneau, servi par Maurice-Belay, marque à la fin du temps additionnel (90e+4, 2-0). « Monaco mérite son succès, reconnaît Thomas Doll, le technicien allemand. On lui a trop rapidement laissé la maîtrise du jeu et on a réagi trop tard. » Voilà donc « les choses remises en place en vue de la qualification » pour Guidolin.
L'Italien pourra quasiment la savourer dès le match suivant. À Prague, face au Slavia, Monaco se présente sans Adebayor (douleurs dorsales), remplacé par Maoulida. Ce dernier se met rapidement en évidence, attentif sur une frappe vrillée d'Evra qu'il pousse dans le but de Kozacik (11e). Les Tchèques, pourtant, dominent cette première période au début de laquelle Pitak a

▲ Van Buyten et Hambourg s'effacent devant Adebayor et Monaco.
▶ Le Tchèque Plasil ne veut pas laisser le ballon à ses compatriotes du Slavia Prague.
▼ Maoulida marque deux fois à Prague.

▲ ***Maurice-Belay, symbole du nouveau Monaco.***
▼ ***Kapo ouvre le score face au CSKA Sofia.***

touché la barre transversale (3e). Ils apprendront à se souvenir de Maoulida puisque, suite à une longue ouverture de Givet, il se débarrasse de deux défenseurs pour marquer un doublé décisif (71e). « On n'a pas su s'adapter à la vitesse des attaquants monégasques », regrette alors Karel Jarolim, l'entraîneur du Slavia, plagiant quasiment Guidolin : « Grâce à notre vitesse, nous nous sommes créé de belles occasions. Dans deux semaines, mon ambition sera de terminer premier du groupe car c'est mieux pour le tirage au sort des seizièmes de finale. »

Zikos : « L'alchimie ne se fait pas. »

Même battu d'un but par le CSKA Sofia, Monaco serait qualifié. Ce n'est pas une raison pour dormir. Pourtant, ça y ressemble. Quarante-cinq minutes se passent en 4-3-3, détail à retenir. Après la pause, Bernardi et Maurice-Belay remplacent Diego Perez et Maoulida tandis que le schéma devient un 4-2-3-1. Magie des changements ou efficacité de la réflexion technico-tactique : à la 49e minute, Bernardi donne une passe lobée à Kapo dont la reprise est précise (1-0). Après, les Monégasques signent une gestion « pépère » de la rencontre jusqu'à un centre de Bernardi vers Modesto. Sa reprise est repoussée par Maksic. Squillaci a suivi et marque (75e, 2-0). La réduction du score par Dimitrov (84e) ne saurait gâcher la fête. « Nous avons ce que nous voulions, la première place », résume Guidolin.

Oui, oui, on se souvient, c'est mieux pour le tirage au sort. Voilà donc Bâle, troisième et dernier qualifié du groupe E derrière Strasbourg et l'AS Rome. Les Suisses accueillent dans leur Parc Saint-Jacques une équipe française en manque d'équilibre et, surtout, d'une formation type, six mois après le début de la saison… Depuis la reprise en janvier, Guidolin essaie beaucoup, mais valide peu. « Les résultats (un succès lors des cinq derniers matches) montrent la situation telle qu'elle est, estime le Grec Zikos. Il y a une alchimie qui ne se fait pas. On a des problèmes dans toutes les lignes. C'est la marque d'une équipe qui cherche son identité. » « Changer, c'est aussi une façon de surprendre l'adversaire », se rassure François Modesto tandis que son entraîneur reste serein : « Cela ne m'empêche pas de savoir où je vais, mais je suis contraint d'en passer par là. Ce n'est pas gênant pour le groupe et ce n'est pas ce qui explique nos mauvais résultats. » Christian Gross, son collègue helvète, semble convaincu : « Malgré ses difficultés actuelles, Monaco se présente comme le favori. »

Les Monégasques tiendraient presque leur rang

pendant une rencontre au cours de laquelle il se passe peu de choses. À la 20e minute, Modesto remplace Givet, touché aux adducteurs. À la 54e, le gardien international Zuberbühler coupe un centre tendu de Vieri. Une minute après, il a du mal à maîtriser une frappe de Plasil. À l'opposé, Warmuz est vigilant sur une tête de l'ancien Toulousain Eduardo (67e). Ce dernier donne ensuite un ballon à Degen que personne ne peut arrêter, pas même le portier de Monaco (78e, 1-0). La marge suisse est faible avant le déplacement sur le Rocher et, dans ses mots, Guidolin serait presque optimiste : « J'ai toujours espéré un résultat positif, mais rien n'est terminé. On a surtout souffert en première période car Bâle est une équipe plus costaude que la mienne. Après, nous avons bien rétabli la situation. Nous aurions mérité de finir sur une meilleure note. »

Le Bâle du troisième âge

La note, Monaco la cherche depuis longtemps. Le Rocher rêve d'une symphonie et, alors qu'il est éliminé des deux Coupes nationales, à la traîne en Ligue 1, il ne lui reste que cette Coupe de l'UEFA pour éviter le couac. « On n'a pas le choix, dit Givet. À l'aller en Suisse, on n'a pas fourni un bon match même si on a limité la casse. La qualification est devenue vitale. On a besoin d'une bouffée d'oxygène pour poursuivre en Coupe d'Europe, mais aussi pour retrouver un peu de cette confiance qui nous manque tellement. » Pour la confiance, rien de tel qu'un mot d'encouragement d'un dirigeant. Gérard Brianti, vice-président du club, vient donc à la rescousse de son coach tout en fracassant les joueurs : « En cas d'élimination, on ne changera pas Guidolin qu'on ne va pas juger sur six mois. Il a hérité d'une équipe qu'il n'a pas choisie et qui est un peu vieillissante, même si le terme est un peu fort. Disons une équipe pas très jeune et qui manque de fraîcheur. »

Le « vieux » Vieri a encore un peu de fraîcheur pour transformer un penalty qui ramène l'ASM à hauteur des Suisses sur les deux rencontres (21e). Après, presque rien. Et puis un corner de Delgado, une tête puissante de Majstorovic et l'égalisation (56e, 1-1). Alors Chevanton entre (62e), Maurice-Belay entre (62e) et Kapo entre aussi (76e). Et puis Bernardi frappe (67e), Kapo frappe (79e), encore (83e) et encore (89e). C'est trop tard. Le président Pastor est magnanime, son analyse puissante : « Je n'adresserai pas de reproches aux joueurs, ils se sont battus. Mais il ne fallait pas encaisser ce but ! » Le Rocher rêvait d'une symphonie. Ce fut un bal musette inachevé.

▲ ***Vieri est aérien, mais à Bâle, ça n'a servi à rien.***

▼ ***Tête puissante de Majstorovic. Roma est figé, Monaco éliminé.***

Une lueur dans l'horizon

▲ ***À la Meinau, Kanté, Haggui, P. Farnerud, Pagis, Le Pen et A. Farnerud font sa fête au Graz AK.***

Strasbourg a toujours eu de l'ambition. Depuis son titre de champion de France, en 1979, le club alsacien est convaincu de mériter une place parmi les grands du football français. Son inconstance l'en a toujours privé, mais cette fois, le Racing touche au but. Vainqueur de la Coupe de la Ligue en 2005, piloté par un manager général, Marc Keller, incarnant la sérénité et le bon sens près de chez soi, Strasbourg multiplie les arguments favorables. Son entrée en Coupe de l'UEFA est une petite confirmation. Les Autrichiens du Graz AK, venus du deuxième tour préliminaire, sont démolis en deux rencontres et sept buts encaissés (2-0 à Graz, grâce à Pagis et Lacour, puis 5-0 à la Meinau où les frères Farnerud, Alexander et Pontus, complètent une marque forgée par Haggui, Le Pen et Hosni). En ce mois de septembre 2005, malgré des débuts compliqués en Ligue 1, personne n'imagine que Strasbourg terminera la saison en Ligue 2, que Marc Keller exercera son bon sens plutôt près de Monaco que près de chez lui, et que Jean-Pierre Papin remplacera, comme entraîneur, Jacky Duguépéroux. Ce dernier voit d'ailleurs dans le déplacement à Bâle, de l'autre côté de l'Alsace, « une opportunité pour reprendre confiance ».

Dix-neuvième du championnat de France, le Racing vit son entrée dans le groupe E de cette Coupe d'Europe comme « une roue de secours »

▲ ***Duguéperoux, coach menacé à chaque match.***

▲ ***Lacour échappe à Papa Malick Ba, Bâle est battu chez lui.***

(Yves Deroff). Sans Karim Haggui, son défenseur tunisien, Strasbourg l'emporte au Parc Saint-Jacques (2-0). Une tête de Diané suite à un centre de Boka (15e) a mis les Alsaciens sur la bonne voie. Dix minutes plus tard, un coup franc de Boka est dévié par la hanche de Delgado et termine sa trajectoire dans le but suisse. Jusque-là, le FC Bâle a peu existé. Ses soucis s'amplifient lorsque Diané court plus vite que Patrick Müller qui, du coup, le retient par le maillot. Carton rouge pour l'ancien futur Lyonnais (31e).

Le même Diané frappera ensuite sur le poteau, la seule alerte pour Cassard intervenant à la 77e minute via un tir puissant de Delgado. Le milieu renforcé du Racing, avec Johansen et Lacour autour de l'Égyptien Hosni, semble avoir posé les problèmes souhaités aux Bâlois. « J'espérais faire un coup et je l'avais dit aux joueurs, savourait Jacky Duguéperoux. Bâle nous a pris de haut et j'ai joué sur cette corde sensible. »

« Décidément, la Coupe d'Europe nous réussit mieux que la L1... »

Voilà donc Strasbourg bien placé pour conquérir un des trois tickets pour les seizièmes de finale au moment de recevoir les Norvégiens de Tromsö, le 3 novembre. Comme rien n'a changé en Ligue 1, Duguéperoux est un coach menacé.

▲ ***Les supporters strasbourgeois boudent. Ils ne sont pas nombreux pour accueillir Tromsö.***

« On est avec lui, assure alors Salim Arrache. Je ne suis pas certain que son départ arrangerait les choses. Au contraire. Nous devons redevenir les guerriers qu'il avait su réveiller en nous la saison dernière. » « Si vous êtes solidaires avec moi, c'est le moment de le montrer », répond simplement l'entraîneur.

La démonstration est convaincante. Devant seulement 8 500 spectateurs, le Racing remporte son quatrième succès de la saison en Coupe d'Europe (2-0) sans avoir encaissé le moindre but. Deux fois, Michaël Pagis se montre dangereux, sur un tir croisé, trop croisé en fait (2e), puis sur une tête au-dessus (19e). Pour la troisième, suite à une ouverture d'Arrache dans le dos de la défense, il est encore dangereux, mais surtout efficace en plaçant une balle piquée que Hirschfeld retrouve au fond de ses filets (37e). À l'heure de jeu, Ademolu, profitant d'un ballon perdu par Arrache, trouve l'intérieur du poteau strasbourgeois mais le ballon reste à l'extérieur du but. Cette alerte réveille le Racing avec un une-deux Arrache-Pagis conclu par Arrache de l'intérieur du gauche (67e, 2-0). « Décidément, la Coupe d'Europe nous réussit mieux que le championnat, constate Pagis. Mais il faut relativiser : j'ai senti de la fébrilité chez nous en première mi-temps et c'est dû à un évident manque de confiance. »

Trois semaines plus tard, les Strasbourgeois ne vont guère mieux. Derniers de L1, ils se présentent pourtant au stade Olympique de Rome en position de se qualifier pour le tour suivant après seulement trois rencontres. On sent pourtant que ce n'est pas vraiment la priorité. Pagis est resté en Alsace en prévision d'un match à Nantes le week-end suivant tandis qu'Hosni et Arrache sont assis sur le banc. Haggui, Devaux, Deroff, Le Pen et Sidi Keïta, tous blessés, ne sont pas là non plus.

La qualification à Rome

À la 15e minute, un corner de Kharja est prolongé vers Nonda dont la tête passe au-dessus. Dix minutes après, une frappe sèche de Totti est déviée en corner par Puydebois. Le Racing réagit par Alexander Farnerud qui bute sur Curci, le gardien romain (23e). Peu après le repos, la défense italienne est trompée à revers par Gmandia, sur

▲ ***Arrache et Pagis cavalent vers un nouveau succès.***

▼ ***À Rome, Cassano fait connaissance avec le gracieux Ricardo Faty.***

la droite. Il centre vers Bellaïd qui, du gauche, prend Curci à contre-pied (52e, 0-1). « Après, j'étais tout fou, raconte Habib Bellaïd. Marquer mon premier but à Rome, c'est magnifique ! » À partir de la 70e minute, Strasbourg termine le match avec sa défense centrale de CFA (Bellaïd-Schneider), Kanté cédant sa place à Schneider. Logiquement, les Alsaciens reculent et finissent par céder. Dans le dos de Boka, Nonda s'échappe à droite, puis centre vers Cassano, seul dans la surface (73e, 1-1).

Avec deux réflexes de Puydebois face au même Cassano (75e), puis sur un tir puissant de Nonda, Strasbourg conserve ce match nul qui lui ouvre la porte des seizièmes de finale. « Mission accomplie, se réjouit Duguépéroux. On a prouvé qu'avec de la volonté, de l'humilité et aussi de la qualité, on pouvait poser des problèmes à n'importe qui. » Le dernier match de poule, face à l'Étoile Rouge de Belgrade, est anecdotique, même s'il est le premier de l'exercice 2005-2006 pour le nouveau président Philippe Ginestet, qui vient de remplacer Egon Gindorf.

Grâce à un doublé de Kevin Gameiro (79e, 90e+4), qui dispute son deuxième match professionnel, les Alsaciens remontent les deux buts de Basta (34e) et Djokaj (64e). « Deux buts de la tête, avec mon 1,70 m, ça ne m'arrive pas souvent », s'amuse l'attaquant de 18 ans, tandis que son entraîneur remet les choses en perspective : « Je savoure car on termine premier et invaincu dans un groupe comprenant des clubs au passé prestigieux... » Ce sera la seule réelle satisfaction de la saison strasbourgeoise.

▼ ***Gameiro, l'étoile alsacienne qui éteint l'Étoile Rouge de Belgrade.***

●●● Deux buts de la tête, avec mon 1,70 m, ça ne m'arrive pas souvent ! ●●●

Bâle éteint la lumière

L'année 2006 est entamée depuis six semaines lorsque Strasbourg retrouve cette Coupe de l'UEFA qui ne l'a pas encore déçu. Le rendez-vous est en Bulgarie. Litex Lovech, où il n'y a pas grand-chose de connu hormis l'ancien Messin Jean-Philippe Caillet. Et puisque les Alsaciens ignorent tout de ces gens-là, ils ne s'embarrassent guère de manières. Dès la 2e minute, Lacour lance Gameiro à droite. Son centre trouve Le Pen dans un état de solitude bienvenu. Du droit, il ouvre le score.

Le Racing laisse ensuite la direction des opérations à son adversaire. 4e : tir à côté de Grujic. 13e : coup franc de Caillet à côté. 20e : reprise de Sandrinho repoussée. À la demi-heure de jeu, Pontus Farnerud se signale par un tir tout mou sur Voutov. Puis, à la 56e, Puydebois part chercher un bon coup franc de Caillet à ras de son poteau droit. Il reste un quart d'heure lorsque Kanté bouscule Lioubenov dans sa surface. Le penalty qui suit est repoussé par Puydebois. Strasbourg s'en sort encore bien, mais ce n'est pas une raison pour rester bien élevé : Le Pen intercepte un ballon et lance Diané vers un second but qui glace le stade bulgare (83e, 0-2).

« On a subi et su exploiter les occasions pour gagner le match », résumera Nicolas Puydebois, plein d'à-propos. Amer, Jean-Philippe Caillet partage son point de vue : « On a été battus sur la vitesse dans le contre, qui est la force de Strasbourg. Pourtant, on le savait. Mais je ne suis pas défaitiste et nous n'irons pas à Strasbourg pour faire du tourisme. » Juste avec deux buts de retard.

C'est beaucoup, à ce niveau-là. D'autant que les Alsaciens se portent mieux en championnat où ils viennent de remporter 5 points en trois matches (nuls contre le Paris SG et Ajaccio, succès à Toulouse). Sans leur Français Caillet, blessé au tendon d'Achille, les Bulgares dominent pourtant le débat de l'engagement. Dans les duels, les Strasbourgeois existent peu. Novakovic place

▲ ***Le Pen a marqué en Bulgarie.***
▼ ***Lacour résiste à Jelenkovic, Strasbourg gagne encore.***

une tête à côté (17e), est contré in extremis par Haggui (64e) avant un sauvetage sur sa ligne de Deroff suite à une reprise de Kirilov (67e). Oui, il ne se passe pas grand-chose et de ce 0-0, Jacky Duguépéroux retient surtout la satisfaction « d'être sorti du match sans blessé ».

Les Suisses à l'heure de la revanche

La qualification pour les huitièmes de finale semblerait presque accessoire. C'est pourtant la « lueur dans l'horizon du Racing » (Duguépéroux). À ce stade-là, il est question de retour dans ce stade-ci : le Parc Saint-Jacques de Bâle où, cinq mois plus tôt en premier match de poule, les Alsaciens se sont imposés (2-0). « Les Suisses nous avaient sous-estimés, se souvient Habib Bellaïd. Ça nous avait vexés. Ils ne commettront plus cette erreur. » « Cette fois, ils nous prendront très au sérieux, assure Duguépéroux. J'ai prévenu mes joueurs qu'ils devront gommer toute référence à notre première confrontation. » Profitant de la situation, Christian Gross, qui fut l'éphémère entraîneur de Tottenham (à la fin des années 1990), met le paquet : « Strasbourg est le favori du match. Monaco (éliminé par les Suisses en seizièmes) n'était pas plus fort que le Racing. »

Cela n'empêche pas le club alsacien d'essuyer sa première défaite en neuf rencontres de Coupe de l'UEFA. Il y a d'abord, dans la lucarne, un coup franc de Delgado (8e). Rien de définitif lorsqu'il reste plus de quatre-vingts minutes de jeu. Mais Strasbourg est mollasson, en retard dans les duels. La maîtrise du ballon, sa possession sont suisses. Puydebois sort une frappe de Ba (21e), puis deux essais de Petric (26e, 28e) avant une reprise à côté d'Eduardo sur un centre de Delgado (29e).

Une fois, une seule, Strasbourg a eu une occasion, sur une tête trop décroisée de Diané. Après, il y a eu une autre tête, de l'autre côté. Elle est signée Kuzmanovic, sur un coup franc de Delgado. Elle est efficace (87e, 2-0).

Encore après, quand c'est le moment des analyses, Arthur Boka en livre une évidente : « On n'était pas à notre meilleur niveau, ce soir. » Celle de Jacky Duguépéroux est agacée : « On n'a pas le droit de ne pas tout donner sur un match comme celui-là ; je suis donc extrêmement déçu par mon équipe. » Et celle de Christian Gross est polie : « J'ai conscience que le match retour sera délicat, mais ce résultat me rend heureux. »

Heureux, le technicien helvète le sera également en Alsace où 8 000 spectateurs seulement occupent les travées du stade de la Meinau. Dès la 3e minute, Eduardo marque après un centre de Petric. Certes, Carlier égalise d'une puissante frappe sous la barre à la 10e minute, mais un gros quart d'heure plus tard, la défense alsacienne cède à nouveau. Encore victime d'Eduardo, cette fois servi par un centre de Degen (26e, 1-2). L'égalisation de Kanté, sur une reprise dans un paquet de joueurs (78e), permet à Strasbourg de ne pas perdre. Pas de se qualifier. « On finit tristement l'aventure », conclut Duguépéroux, déçu par le « manque d'engouement populaire » autour de son équipe.

Gross, lui, est dans l'hommage appuyé : « Je suis fier d'avoir éliminé une deuxième équipe française (après Monaco) car je considère la L1 comme le meilleur championnat européen juste derrière le championnat d'Angleterre et celui d'Espagne. » Strasbourg peut donc être très fier, aussi, de retourner s'occuper de ses affaires dans ce si grand championnat.

▲ ***Carlier montre à son ami de Bâle que le foot se joue au pied.***

▲ ***Delgado prend son air de ne pas y toucher, mais c'est Bâle qui file vers les quarts de finale malgré Pontus Farnerud.***

Le jour et la nuit

Comme Schalke, Rosenborg ou l'Udinese, Lille poursuit l'aventure européenne un cran en dessous de la Ligue des champions. Ce n'est pas infamant, des équipes comme Manchester United ou Porto n'ont pas cette chance. Le LOSC, pour son entrée dans la compétition, reçoit une formation déjà passée en France en décembre. À Rennes, le Shakhtar Donetsk, vainqueur 1-0, avait étalé toute sa puissance. Pour Claude Puel, le coach lillois, ces Ukrainiens constituent vraiment « un gros morceau : c'est une formation très structurée, très mature, qui a l'habitude des joutes européennes ».

Il en aura la confirmation malgré un match remarquable de son équipe. Bodmer ouvre le score en déviant une frappe de Fauvergue (19e), puis Dernis résiste à Rat et évite la sortie de Shust pour doubler la mise (58e, 2-0). Vingt minutes plus tard, Odemwingie, servi par Kader Keïta sur la droite, assomme les Ukrainiens (78e, 3-0). Le Stadium de Villeneuve-d'Ascq, indigne de la C1 mais homologué pour la Coupe de l'UEFA, est en liesse absolue. Trop tôt. À la 88e minute, Brandao profite d'une erreur de Schmitz pour marquer un précieux but. Une minute après, Marica inscrit un autre but, encore plus précieux pour Donetsk (89e, 3-2).

En une poignée de secondes, Lille est passé de la sérénité au doute. De la qualification à l'incertitude. « Il paraît que la Ligue des champions devait nous servir, s'énerve Dernis. Elle n'a servi à rien du tout ! Prendre deux buts dans ces conditions, c'est inadmissible. Ça change tout pour le retour. » « Ça nous place en mauvaise posture, constate Claude Puel. Il faudra être costaud pour se qualifier. » En Ukraine, le terrain est boueux, pourri. Lichsteiner place une tête sur le poteau (28e). Vorobey répond par un tir sur le poteau (71e). C'est presque tout. À l'issue de ce « match de guerriers », Lille monte en huitièmes. « On a montré de l'expérience et je suis très fier de mes joueurs », dit Puel.

▲ Puel sait danser le haka néo-zélandais.
▼ Rat veut se faufiler dans le dos de Keita, mais Lille aura le dernier mot contre Donetsk.

« On est mieux que cet hiver. »

Tranquillement, Lille s'installe dans la peau d'un candidat à une finale. « On est mieux que cet hiver, reconnaît son entraîneur. On a plus de possibilités qu'à l'époque de la Ligue des champions. » « On peut mettre n'importe qui en difficulté, affirme Jean II Makoun. Pourquoi pas aller en finale ? » Cela passe par l'éviction du FC Séville. Le club andalou compte quelques visages connus de ce côté-ci des Pyrénées : Escudé, Fabiano, Saviola et Kanouté. Ce dernier tente sa chance trois fois (5e, 13e, 20e) sans succès. Moussilou a touché le poteau (14e), mais la délivrance va venir de Dernis. Un de ses corners est porté par les vents tourbillonnants jusque dans le but espagnol (24e). « J'ai frappé du gauche et le vent a poussé le ballon, raconte le buteur. C'est de la réussite, mais aussi le résultat d'un gros travail à l'entraînement. »
Un but d'avance, ça reste peu au moment d'entrer sur la pelouse sévillane. « Si on les laisse jouer, on reculera, on subira et le temps nous paraîtra long, prévient Tafforeau. La bonne solution est d'essayer de marquer plutôt que de chercher le 0-0. »

Maudite Espagne

Le FC Séville rentre dans le chou du LOSC très vite. Schmitz dégage sur sa ligne une tête de Luis Fabiano (12e) avant un tir puissant de Kanouté sur la barre (14e). C'étaient des avertissements. Ils seront suivis de l'expulsion de Bodmer (coup de coude sur Navas, 26e), puis d'une punition : une frappe de Kanouté déviée dans son but par Chalmé (29e, 1-0). À cet instant, Lille doit tenir une heure à dix pour espérer au moins une prolongation. Il faudra à peine un quart d'heure aux Espagnols pour briser sa résistance : un centre d'Alves, une remise de la tête de Kanouté pour Fabiano qui trompe Sylva (45e+2, 2-0). L'affaire semble pliée jusqu'à la 72e minute, lorsque Navas est expulsé à son tour pour un coup de coude sur Keita. Lille se remet alors à y croire et, à la 80e minute, Odemwingie a l'occasion de marquer ce but qui qualifierait les siens. Seul dans la surface, il rate son contrôle. La balle lui échappe, et c'est la qualification qui échappe au LOSC.
Sorti de la Ligue des champions en Espagne (Villarreal), Lille sort de la Coupe de l'UEFA en Espagne. « Contre Séville, tu ne peux pas défendre 90 minutes, analyse Tavlaridis. Quand tu perds des ballons, cette équipe te tue. » « L'erreur des Lillois est sûrement d'être venus avec la ferme intention de conserver le résultat de l'aller », confirme Kanouté. Quelques mois plus tard, il remportera le trophée à Eindhoven face à Middlesbrough.

▲ Le corner de Dernis est direct, Lille bat donc Séville.
▼ Kanouté annonce la furia andalouse. Le LOSC n'y résistera pas.

COUPE DE LA LIGUE

Nancy refait sa vie

L'être humain devient antilope. L'entraîneur évacue le salaire de sa sueur. Pablo Correa « envahit le terrain ». Il court follement, le torse bombé à s'en faire péter la chemise. Il est bel et bien l'homme de la reconquête. Vingt-huit ans après la bande à Platini, victorieuse en 1978 de la finale de la Coupe de France contre Nice (1-0), Nancy renaît aux honneurs face à une identique victime, et cela vaut bien un sprint fou qui permet en quelques brèves secondes de relier deux époques.

Pourtant, dans ce Nancy du XXIe siècle, inutile de chercher une star, ni une future star. Inutile même de faire croire que « la star, c'est l'équipe ». Car l'équipe est moyenne. C'est avec son cœur et ses tripes qu'elle s'est hissée au sommet du cocotier de la Ligue.

Les histoires d'amour commencent bien en général. Et même en particulier. Celle-ci voit le jour sur le front de l'Est. Avec le fameux petit coup de pouce du destin qui présage souvent d'un avenir glorieux. Sur sa pelouse, Nancy reçoit Sochaux en seizièmes de finale. Et multiplie en vain les occasions. Mais il faut attendre la 90e minute pour qu'une main du défenseur sochalien Calvé provoque un penalty transformé par Sarkissian. « C'est l'équipe la plus volontaire qui s'est imposée », estime Pablo Correa. « Nancy mérite sa victoire », concède son pendant sochalien Dominique Bijotat.

Dans l'actualité de cette entrée en matière, le succès nancéien ne fait évidemment pas la une des gazettes. En matière d'affiches, le hasard n'a

▼ ***Dans les filets de Nancy, la Coupe de la Ligue 2006 !***

pas été avare. Le choc entre Nantes et l'invincible OL occupe le devant de la scène. Sans Coupet, Cris, Caçapa, Wiltord et Juninho, avec Carew, Berthod et Malouda sur le banc, Lyon semble se désintéresser du sujet. Pourtant, son entraîneur Gérard Houllier est clair et net : « Je ne conçois même plus que l'on puisse se déplacer pour faire un match nul. À Lyon, gagner est devenu une habitude. »
C'est pourtant bel et bien un match nul qui vient conclure les débats. Govou (90e) a répliqué in extremis à Diallo (30e). La prolongation laisse les choses en l'état. Les coupes sont parfois des affaires de tirs au but et à la fin c'est toujours Mickaël Landreau qui gagne. Le gardien nantais embellit sa légende en repoussant les tirs de Carew et Malouda.
L'entraîneur breton Serge Le Dizet reste modeste : « On a éliminé Lyon, mais on ne l'a pas battu. »

Caen assomme le tenant

De son côté, Bordeaux élimine l'OM. En le battant de curieuse façon. Au stade Chaban-Delmas, on file tout droit vers le 0-0 et la prolongation, quand le défenseur marseillais Meïté, soudain saisi de panique, envoie le ballon dans son propre but (85e). « Je tends le bâton pour me faire battre ; je suis dans une tempête », murmurera le malheureux. Le match a été médiocre.
De Lens, on attend mieux qu'une élimination d'entrée sur son terrain, même face à Auxerre (3-2). À cinq minutes de la fin, les Nordistes mènent 2-1. Demont marque alors contre son camp (85e), puis Benjani assomme les Sang et Or (89e). « Ce que l'on vit en ce moment ne m'étonne pas. Je le sentais », déplore l'entraîneur lensois Francis Gillot. Pourtant victorieux, son alter ego Jacques Santini s'en prend à l'arbitre : « Monsieur Poulat a été la seule fausse note de la soirée. » Le futur représentant français à la Coupe du monde est habillé pour l'hiver.
Strasbourg, tenant du titre, se contente d'un petit tour avant de s'en aller. Avec zéro victoire au compteur en douze matches de L1, l'équipe alsacienne est une proie rêvée pour Caen (L2) qui s'impose sur un but de Samson (50e). La défaite (1-0) de Metz, qui galère en L1, à Sedan (L2) n'est pas plus étonnante.
Plus surprenant est l'échec (1-0) de Rennes à Montpellier (L2). Les Bretons n'ont pas encore trouvé leur rythme de croisière. « Les joueurs n'étaient pas prêts mentalement. Ils ont évolué à 65 % de leurs moyens », déplore leur entraîneur Laszlo Bölöni.

▲ *Landreau, magique face à Lyon.*

▲ *Samson (à d.) et Caen écartent Strasbourg.*
▼ *À Bordeaux, l'OM sombre.*

Mentalement, les Lillois sont toujours prêts. Ils s'imposent à Saint-Étienne (2-0) avec une équipe très rajeunie. « Nous jouons sur les quatre tableaux », clame l'ambitieux entraîneur nordiste Claude Puel.

Avec quatre titulaires sur le banc, Nice passe par la case prolongation pour se débarrasser de Châteauroux (L2). Entré à l'heure de jeu, Bagayoko délivre les siens (94ᵉ et 110ᵉ). « Ne faisons pas la fine bouche, estime l'entraîneur niçois Frédéric Antonetti. Maintenant, je ne pense plus qu'au tirage. »

Un tirage qui place Sedan (L2) sur la route des Aiglons en huitièmes de finale. Pour un score identique, toujours à domicile, mais sans prolongation. Rool (17ᵉ) et Vahirua (72ᵉ) ont fait leur métier. « Mon équipe est très sérieuse et j'aime ça, affirme Antonetti. Son talent a opéré le reste. »

Fournier, victime de la Coupe

La marche en avant de Nancy est plus cahotante. Au stade Marcel-Picot, face à Lorient (L2), Moncef Zerka inscrit (13ᵉ) son quatrième but en quatre matches. C'est le seul but de la partie. Zerka est un défenseur reconverti attaquant pour les besoins de la cause, car les blessures accablent la ligne d'avants lorraine. Les Bretons ont tiré deux fois sur les poteaux et Nancy est passé par un trou de souris. « C'était un match très dur, déclare Correa. Nous avons eu un peu de réussite pour préserver ce succès. »

D'autres affrontements sont plus prestigieux. Bordeaux se débarrasse de Nantes (3-1) grâce à un doublé de l'éternel Lilian Laslandes (34 ans). « Nous avons été hyperréalistes, mais nous n'avons pas effectué un très bon match », constate le sévère entraîneur girondin Ricardo.

Monaco, qui traverse alors sa bonne période de la saison, ramène Lille à la raison (1-0, Mériem 82ᵉ). « On a su s'élever au niveau de Lille, ce qui n'est pas facile », se réjouit l'entraîneur Francesco Guidolin, absolument ravi de cette neuvième victoire consécutive.

La qualification du Mans à Auxerre est forcément méritoire. Les Sarthois ont aligné une équipe privée volontairement de nombreux titulaires. Douillard égalise (1-1) dans le temps additionnel (90ᵉ+1). La séance des tirs au but tourne à la confusion des Bourguignons (1-4). « Je n'ai rien à reprocher à mes joueurs dans la mesure où on s'est fait voler par l'arbitre », râle Jacques Santini.

▲ *Éternel Laslandes dont le doublé écarte Nantes.*

▲ *Kapo et Meriem s'infiltrent et Monaco passe contre Lille.*

▼ *Toulouse et Mansaré éliminent logiquement le PSG.*

L'entraîneur du Paris SG, Laurent Fournier, ne râle même pas après l'élimination à Toulouse (2-0). Mansaré (87ᵉ) et Moreira (90ᵉ+2 s.pen.) accablent les Parisiens en fin de match. Ceux-ci affirment avoir réalisé une prestation de qualité. Ils ne sont pas exigeants. Paris s'apprête à piquer sa crise. « La manière n'est pas ma préoccupation, regrette Fournier. Paris est éliminé mais j'ai la conscience tranquille. » Cette défaite de trop coûte son poste au coach parisien.

Pablo Correa a lui aussi la conscience tranquille, et l'horizon dégagé, après le nouveau succès étriqué des siens, toujours à domicile contre Ajaccio (1-0). Le défenseur Puygrenier marque de la tête l'unique but du match sur un coup franc de Gavanon (25ᵉ). « Nous nous sommes battus avec nos moyens physiques du moment, explique Correa. Mes gars sont lessivés. Nous n'avons pas affiché une grande maîtrise. »

« Il nous a manqué la justesse et la lucidité. C'est la victoire du cœur », ajoute le défenseur Frédéric Biancalani.

Le Mans craque en Lorraine

La performance de Nice est plus probante. Face à un Bordeaux alors en pleine confiance, les Niçois marquent les esprits. « Une victoire sur Bordeaux nous mettrait en valeur et prouverait qu'ici ça bouge et que nous sommes en train de franchir un palier », avait déclaré le milieu de terrain azuréen Florent Balmont. C'est lui qui inscrit, d'une belle demi-volée, le but de la victoire (2-1), dans le courant de la prolongation (110ᵉ).

« Nice a mérité sa victoire », reconnaît Ricardo. « C'est mérité et c'est bien, déclare Antonetti. Nous avons compensé notre manque de réussite parfois flagrant en championnat et nous sortons de l'anonymat. Maintenant, pour que ce soit très bien, il faut aller en finale. »

Monaco rêve aussi de finale après sa qualification à Toulouse. Le gardien monégasque Guillaume Warmuz a accompli des miracles avant que Plasil, d'une reprise en lucarne (66ᵉ), et Vieri, sur un ultime contre (90ᵉ+4), n'offrent la victoire aux leurs.

C'est encore à l'arraché que Le Mans va de l'avant à Guingamp (L2), après un nouveau match nul (1-1) suivi d'un succès aux tirs au but (3-2). « Le résultat est cruel pour Guingamp », concède l'entraîneur manceau Frédéric Hantz, qui précise : « La Coupe de la Ligue n'est pas un objectif. C'est trop aléatoire. »

Heureusement qu'elle ne constitue pas un objectif, car en demi-finale, à Nancy, les Manceaux ratent complètement leur match. Avant

▲ ***Puygrenier qualifie Nancy contre Ajaccio (1-0).***

▲ ***Les Niçois, vainqueurs de Bordeaux, rêvent de finale.***

▼ ***Vieri qualifie Monaco et éteint les rêves toulousains.***

la rencontre, Hantz avait confirmé ses dires : « C'est très courageux de la part des Nancéiens d'avoir annoncé dès le début de la compétition qu'ils voulaient aller au bout. Il n'y a pas forcément la même intensité ni la même attente chez nous. »

En face, Correa essaie d'atténuer la pression : « Je n'ai pas l'impression de vivre un tournant de l'histoire du club. Ce sera différent si nous allons au Stade de France. »

Et Nancy va aller au Stade de France le plus facilement du monde car, ce soir-là, Le Mans est inexistant. Brison ouvre le score juste avant le repos (45e). Manuel Da Costa (20 ans et pas encore professionnel) double la mise en seconde période sur un formidable raid individuel (64e). « C'est incroyable, expliquera-t-il. J'ai foncé pour tirer sans même regarder la cage. Je ne pensais pas à marquer mais à cadrer car, d'habitude, je frappe toujours à côté. »

Correa parle d'un « match plein », d'un Nancy « supérieur dans tous les domaines » et ajoute : « On fait ce métier pour vivre de tels moments. »

Hold-up à Louis-II

Les Niçois ne pensent pas autre chose après leur succès sur le terrain de Monaco. Avant ce 90e derby, les Monégasques étaient pourtant motivés. Mortifiés par leur élimination en Coupe de France à Colmar, ils misent tout sur la Ligue. « C'est le match le plus important de la saison », a prévenu le milieu de terrain Zikos. Mais Nice ne sera pas une victime expiatoire. « Nous n'allons pas à Louis-II pour baisser notre pantalon mais pour nous qualifier, tonne le défenseur Sammy Traoré. Je ne me vois pas dans mon salon regarder à la télé les Monégasques jouer la finale. »

Traoré est devin. Le jeune gardien niçois Hugo Lloris, 19 ans, est parfait sur un tir de Plasil (32e) puis dans deux tête-à-tête avec Di Vaio (63e et 68e). Et une reprise de volée acrobatique de Vieri rebondit sur sa barre (67e).

Monaco a laissé passer sa chance. Bagayoko tire d'abord sur le poteau (71e). Roudet centre ensuite pour Ederson. Ils viennent tous deux d'entrer en jeu. Le coup de tête du jeune Brésilien fait mouche (89e). Le hold-up est parfait.

« Ça fait vraiment mal au cœur », se lamente le défenseur monégasque Squillaci.

« J'ai du mal à y croire, explique Antonetti. La réussite était de notre côté, mais elle se provoque. Si nous étions allés en prolongation, nous ne serions pas passés. »

Antonetti n'a jamais mis les pieds au Stade de France : « Je me suis toujours promis de n'y aller qu'à la tête d'une équipe finaliste », révèle-t-il. C'est ce qu'il réussit et, qui plus est, à la tête d'une équipe favorite. Le 22 avril, c'est un 10e de L1 (Nice, 49 points) qui défie un 14e (Nancy, 44 points). Mais Nice vient de faire chuter Rennes qui restait sur huit victoires consécutives, tandis que Nancy a pris une raclée à Marseille (6-0), n'a plus marqué le moindre but depuis cinq matches et n'a plus gagné depuis plus de deux mois.

« Il n'y a pas de raisons de s'inquiéter. Ce qui serait regrettable, ce serait de passer à côté du match », affirme Correa.

Entraîneur de Nancy depuis novembre 2002, alors que l'équipe était vingtième en L2, Pablo Correa n'a que 39 ans. Arrivé en Lorraine en 1995, cet attaquant uruguayen est tombé amoureux de ce club et de cette ville. « Quand j'étais joueur, aime-t-il à dire, je ne pensais pas devenir entraîneur. Quand je serai président, je dirai que je ne pensais pas devenir président. »

▲ ***À Nancy, Le Mans est inexistant en demi-finale où le jeune Da Costa assure le succès lorrain.***

▲ ***Ederson, héros de Nice à Monaco, battu à la 89e minute.***

▲ **_Bracigliano et Sorn soulèvent la coupe. Elle sera bien gardée en Lorraine._**
◄▲ **_Zerka ouvre le score en finale contre Nice._**
◄▼ **_Le Brésilien Kim, buteur décisif pour Nancy._**

Des buteurs de l'au-delà

Antonetti n'a pas cette ambition. Un succès lui suffirait. « Nancy est une équipe très forte, dit-il. Cette finale se jouera surtout au plan des émotions, de la capacité des deux équipes à inventer quelque chose. »
Dans un Stade de France chaleureux et bon enfant, les Niçois semblent justement empêtrés dans leurs émotions. Ils ne se créent qu'une seule occasion en première période, quand Puygrenier, bien revenu, brise l'élan de Koné qui se présentait seul face à Sorin (16e).
Après un début de rencontre médiocre, Nancy se libère. Un tir croisé de Berenguer est repoussé par Lloris sur l'inévitable Zerka qui ne tremble pas (22e). Nancy n'avait plus marqué depuis 538 minutes.
En début de seconde période, Nice sort du brouillard. Koné réceptionne un coup franc de Balmont et repique au centre où Diakhaté le fauche. L'arbitre, M. Layec, laisse l'avantage à Vahirua dont la superbe reprise de 20 mètres lobe Sorin (49e). Peu après, Puygrenier écope d'un second carton jaune, synonyme de rouge, pour une faute légère sur Vahirua (61e).
Pour la troisième fois de la saison, Nancy va finir à dix un match contre Nice. C'est une autoroute qui s'ouvre devant les Aiglons. Dont ils ne vont jamais trouver la bretelle d'accès. Au contraire, sur un long coup franc de Gavanon, le Brésilien Kim inscrit d'une tête arrière son second but de la saison (66e). Arrivé l'été précédent d'Arabie Saoudite, Kim vient de rembourser son transfert car jamais les Niçois, qui poussent aveuglément, ne parviendront à revenir, ni même à se créer vraiment les occasions pour le faire, à l'exception d'un coup franc de Bellion bien détourné par Sorin (78e).
Sous les yeux de l'équipe de Nancy 1978 réunie pour l'occasion, Platini en tête, qui se dira simplement « heureux », Correa peut donc se lancer dans son sprint éperdu vers ses supporters. « C'était juste pour montrer que je pouvais courir vite », dira-t-il en souriant avant d'analyser plus sérieusement : « Ce résultat tient d'abord à un cœur énorme. Il est mérité. Mais sur le banc, à 1-1, quand Puygrenier s'est fait expulser, on n'était pas sereins. C'est un truc incroyable, fantastique. On marque autant en un match que sur les trois derniers mois. »

« J'ai mis le but comme Platini. »

« Nancy vainqueur d'une finale avec un but de Zerka c'était inimaginable il y a six mois », dit le premier buteur, qui ajoute : « Et avec avec un but de Kim c'est encore plus dingue. » Quant à Kim qui connaît son histoire sur le bout des crampons, il se réjouit avec ses quelques mots de français : « J'ai mis le but comme Platini. »
Le lendemain, à Nancy, plus de 20 000 supporters font un triomphe à leurs héros. « J'imagine que la plénitude ressemble à ce que je suis en train de vivre », déclare Correa des étoiles plein les yeux.
Pendant ce temps, Frédéric Antonetti n'en finit pas de ressasser cette pensée qui le taraude : « Ce n'est pas Nancy qui a gagné la finale, mais Nice qui l'a perdue. »

COUPE DE FRANCE

Paris s'enivre

▼ *Oui, Paris a gagné quelque chose en 2006.*

Finale de rêve ou de cauchemar ? Les Parisiens ne se posent plus la question. Ils ont apporté leur réponse. Tranchante et délicieuse. Ils exultent. Ils viennent de réussir le coup du roi : gagner la Coupe, en beauté, et contre l'OM, leur meilleur ennemi. Quand leur capitaine Pedro Pauleta brandit rageusement le trophée, il est au confluent d'innombrables émotions. Il y eut tant de craintes sportives et extrasportives pour en arriver là, qu'un léger sentiment de malaise et de peur continue de planer sur le Stade de France.

La saison du PSG est sauvée. Dans les grandes largeurs. Le verdict est tombé. Il soulage au moins les 2 500 policiers qui redoutaient un résultat inverse avec ses possibles dérives. On peut toujours s'interroger sur ce qu'est devenu l'esprit du sport. Certains le font. On leur trouve un charme suranné. Les penseurs pensent et la caravane du foot-business passe.

Il faut tant de hasards pour que deux formations s'affrontent en finale. À commencer par ceux du tirage au sort. Car la Vieille Dame de France a beau avoir 88 ans, elle a su entretenir ses charmes. Dans ses pochettes-surprises souffle un vent de folie.

Ici les grands destins se forgent dans la douleur. Au septième tour, Calais, finaliste de l'an 2000, est mené 2-0 par la modeste Arménienne d'Issy-les-Moulineaux. Et s'impose à l'arraché 3-2. Tant pis pour Troyes. En trente-deuxièmes de finale, les pensionnaires de la L1 constatent à leurs dépens que l'histoire est un éternel recommencement. Ce sont deux survivants du tournant du siècle, Baron et Dutitre, qui inscrivent les deux buts décisifs de la victoire (3-2, a.p.). « C'est toujours magnifique. Jamais pareil », résume le buteur ultime.

En ses prémices, l'événement est réalisé pour les petits. Pour Lyon-la Duchère par exemple, une autre équipe de CFA (4ᵉ niveau), qui élimine Toulouse (2-1). Khaled Lemmouchia, buteur du temps additionnel (94ᵉ), ose une comparaison : « J'ai marqué un but juninhesque. » Le gardien des héros, Brice Morandini, dessine le contexte d'un instant de bonheur : « À la Duchère, c'est vraiment très dur. Il y a des chômeurs, des petits boulots mais avec un ballon on est heureux. »

À une altitude supérieure, Saint-Étienne s'incline dans son chaudron face à Lille. Moussilou inscrit l'unique but du match à la... 123e minute.
À Lens, Paris se promène contre Vermelles (division d'honneur). Pauleta inscrit un but. Les Uruguayens Bueno et Rodriguez les trois autres. Au Stade Vélodrome, l'OM exécute Le Havre (L2) sur le même score. Maoulida, Oruma et Ribéry par deux fois, sont les buteurs du soir.

Colmar glace Monaco

C'est en Sibérie que se déroulent les seizièmes de finale. Le choc oppose Rennes à Lens, qui se saborde. Cousin rate un penalty et Assou-Ekotto marque contre son camp (63e) le seul but du match.
Du côté de la capitale, la pelouse du Parc des Princes est en grande partie gelée. Face à Auxerre, Jérôme Alonzo parvient à flamber dans la froidure. Ses arrêts sont déterminants. Le centre de Pauleta l'est tout autant. Le défenseur auxerrois Grichting effleure le ballon qu'il détourne dans les filets de Cool (76e). Paris revient de loin. Il jouait sans Dhorasoo, M'Bami, Kalou et Rothen. Sur sa pelouse, l'OM peine moins contre Metz, même s'il faut attendre les arrêts de jeu (91e) pour que Gimenez double une mise inaugurée par Pagis en début de rencontre (8e).
À Ajaccio, en revanche, l'OL s'effraie tout seul. Mené 1-0 dans le courant de la prolongation, il se rétablit grâce à deux buts de ses Brésiliens Juninho (108e) et Cris (113e). « Une grande équipe c'est ça », commente l'entraîneur lyonnais Gérard Houllier.
Tout le contraire en somme de Monaco qui se fracasse contre Colmar (CFA2) dans le brouillard et sur un terrain transformé en banquise. Au stade de l'Ill, à Mulhouse, jamais la rencontre n'aurait dû débuter. C'est la cinquième fois seulement en vingt ans qu'une équipe de 5e niveau élimine une formation de l'élite. En alignant une attaque Maurice-Belay, Gigliotti, Gapk, l'entraîneur monégasque Guidolin a sans doute méprisé son rival du jour. Le gardien alsacien Christophe Millet repousse un penalty de Gigliotti (83e). C'est son frère, Vincent Millet, qui offre le but du triomphe à François Bader dont le coup de tête fait mouche (114e). Christophe Millet se plaint : « Avec ce brouillard, je n'ai même pas vu le but de François. » Et l'entraîneur Dominique Lihrmann raconte : « Entre des Monégasques qui n'avaient pas envie de jouer, et nous qui en rêvions depuis des nuits, le destin a choisi. »
« C'était du hockey, du n'importe quoi, ça s'est joué à pile ou face », déplore le défenseur monégasque Gaël Givet.

▲ *En 32es, Calais étouffe Troyes.*

▲ *Moussilou et Lille se qualifient à Saint-Étienne.*
▼ *Coup de froid pour Monaco, sorti en 16es par Colmar (ici Millet, Dupéroux et Ignatowicz).*

Calais sera lui aussi du rendez-vous des huitièmes. Il s'impose contre Sainte-Geneviève-des-Bois, un autre pensionnaire de CFA. Près de 5 000 supporters nordistes se sont déplacés à Évry. Le but de Meirsman (13e) suffit à leur bonheur.

Lyon-la Duchère a beau n'être que quatorzième de son groupe de CFA, la Coupe lui donne des ailes. Après Toulouse, c'est Strasbourg qui boit la tasse (0-0, 5-4 aux tirs au but). Prêté par Lyon au club alsacien, le gardien Nicolas Puydebois connaît bien son bourreau. Cavaretta, le cinquième buteur, explique : « J'ai côtoyé Nicolas au centre de formation de l'OL. J'ai tiré mon penalty comme d'habitude, mais j'avais quand même le trac. »

Six buts en prolongation

Les banlieusards lyonnais auraient bien aimé recevoir l'OL dans la foulée. Avec le PSG, ils ne perdent pas au change et cultivent leur foi. Paris n'est que neuvième après 30 journées et accumule les faux pas. « Dans notre situation, c'est limite la Coupe ou rien », analyse le Parisien Christophe Landrin. La Duchère vit au rythme de son attaquant vedette Kevin Jacmot, ancien de l'OL et champion d'Europe des 17 ans quelques années plus tôt. Enfant perdu du football professionnel, il disparaît cinq jours avant la rencontre et resurgit au dernier moment. Quand il entre en jeu, sur la pelouse du stade Gerland, Paris mène 1-0 (Bueno, 30e). Pauleta remplace l'Uruguayen à la 73e minute et marque deux buts coup sur coup (74e et 76e). « On a fait le boulot », dit Dhorasoo.

Contre Sochaux, l'OM joue petit bras, mais accomplit aussi le boulot grâce à Maoulida double et tardif buteur (77e et 84e). Son premier but est involontaire. Le tir de Cana lui rebondit sur la poitrine et trompe Richert. « C'est un but de raccroc », reconnaît-il, avant d'ajouter : « Le rêve, c'est de battre le PSG en finale au Stade de France. » « On avance vers la finale mais les gros sont encore là », déclare l'entraîneur marseillais Jean Fernandez.

Les gros, c'est-à-dire Lyon, qui se contente d'un but de Juninho – une frappe de 25 mètres sous la barre – en début de seconde mi-temps (56e) pour éliminer Bastia (L2).

Les gros, c'est-à-dire Rennes, qui ne tremble pas devant Colmar. John Utaka marque les quatre buts de son équipe (4-1). « On a vu la différence entre une équipe de L1 qui a su nous respecter, et des amateurs qui s'étaient préparés le mieux possible », constate Dominique Lihrmann.

▲ *Gimenez et l'OM souffrent face à Metz, mais gagnent.*

▲ *Lyon-la Duchère écarte Strasbourg.*

▼ *Poussif, l'OM s'en sort face à Sochaux.*

▲ ***Bordeaux éliminé par Lafourcade et Montpellier.***
◀ ***Baron, Schille et Meirsman triomphent : Calais s'est débarrassé de Brest.***

Les gros, c'est-à-dire Lille, facile vainqueur (2-0) de Vitré (CFA) ou Nantes, qui évite (3-0) l'écueil dijonnais (L2).

Les gros, d'une certaine façon, c'est forcément Calais (alors 12e en CFA) qui règle son compte à Brest (17e de L2). Ce soir-là, Brest est très faible et Calais est… Calais. Sur un corner de Boutoille, Mathieu Hoguet inscrit le but victorieux (1-0) en fin de prolongation (115e). « C'est extraordinaire, c'est inexplicable », commente l'heureux buteur. « Je comprends qu'on parle de 2000, mais c'est un autre groupe, une autre histoire », explique l'entraîneur Sylvain Jore. À voir. « On parie sur Nantes pour la revanche », déclare Schille, le gardien de but, qui fait partie des cinq « finalistes » avec Baron, Millien, Dutitre et Vasseur.

Les gros en revanche, ce n'est plus Bordeaux. Le deuxième de la L1 chute lourdement à Montpellier qui n'en est pas à son coup d'essai. « On est noir ; il faudrait que Domergue aille tremper son cul à Lourdes », avait dit avant l'heure le truculent président Louis Nicollin, lassé des médiocres résultats des siens en L2.

Au bout de l'exploit, Jean-François Domergue, l'entraîneur montpelliérain, est ravi : « C'était enfin un match plein. La victoire récompense un groupe qui s'était fixé de prendre et de donner beaucoup de plaisir. » Elle a été scellée par Bugnet qui a repris un tir de Lafourcade sur le poteau (37e).

En quart de finale, Montpellier meurt d'une belle mort à Rennes, au bout d'une prolongation de folie : 1-1 au bout du temps réglementaire, 5-3 pour Rennes trente minutes plus tard. En treize minutes, l'artillerie lourde rennaise frappe à quatre reprises par Monterrubio (97e et 102e), Utaka (104e) et Kallström (110e). Le Montpelliérain Lafourcarde réussit le match de sa vie en inscrivant trois buts, mais ce sont les Bretons qui entrent dans le dernier carré. Louis Nicollin se nourrit de regrets : « Ah ! Si on avait joué comme ça toute la saison... »

L'OM bouffe du Lyon

Pour sortir Calais, Nantes joue exactement comme il l'a fait durant toute la saison. Sans grand panache, avec application. « Nantes va nous prendre très au sérieux et sera complètement libéré », avait prophétisé Sylvain Jore. « Libéré » n'est pas exactement le mot qui convient pour qualifier le jeu des Nantais. Sur la pelouse de Lens, Da Rocha, d'une reprise de volée rasante de 20 mètres (88e), vient sceller le sort d'un match décevant. « On a obtenu ce qu'on était venu chercher, affirme, soulagé, l'entraîneur nantais Serge Le Dizet. En demi-finale, la pression sera sur notre adversaire. »

Pour l'instant, la pression est sur Paris qui vit des heures folles. Le jour même où il reçoit Lille, tombe l'annonce de la vente du club par Canal+ à des fonds d'investissements franco-américains. Le dirigeant historique Alain Cayzac deviendra président. Il confirme Guy Lacombe dans ses fonctions.

Sans Rothen ni Yepes, Paris rate son entame. Tavlaridis ouvre le score pour Lille en reprenant de la tête un corner d'Aboucherouane (13e). Mais Kalou égalise de la poitrine (40e) et Pauleta délivre les siens d'une formidable frappe enroulée en lucarne opposée (57e). « On n'a pas réalisé un grand match, mais on a été efficaces », constate Lacombe doublement soulagé.

Le quatrième invité du dernier carré ne déparera pas l'ensemble. « On ne pouvait pas plus mal tomber. On voulait éviter l'OL et jouer à domicile », avait dit Jean Fernandez après le tirage. L'obstacle est monumental. Les Lyonnais ont un appétit féroce. Ils veulent oublier leur élimination à Milan en Ligue des champions.

Aussi, quand Fred (22e) répond au but de Maoulida (17e), tout le monde pense que l'OL a accompli le plus dur. Et tout le monde se

▲ ***Rennes et Kallström viennent à bout de Montpellier.***

▼ ***En quart, Pauleta délivre Paris face à Lille.***

trompe. Un énorme cadrage débordement de Ribéry sur l'aile droite se termine par un centre qui échappe à Coupet et Réveillère mais pas à Niang (65e). L'OL a beau pousser, il manque à l'évidence de carburant.

« L'OM refroidit Lyon », titre *L'Équipe* du lendemain. « Il y avait de la place pour passer », regrette Houllier. « Ça fait mal », dit Juninho. « On enrage », râle Coupet. Dans le camp d'en face, on jubile. La performance est de taille : « Je suis satisfait du résultat et de la manière car il y avait bien la manière en plus, se réjouit Fernandez. Ce petit exploit va nous apporter un capital confiance. »

Allez savoir si les mains innocentes ont du talent ou du vice. Toujours est-il que lors du tirage au sort, cette main laisse ouverte la possibilité d'une finale OM-PSG qui fait déjà peur à tout le monde, après la mascarade du récent match de championnat pour lequel le club marseillais a délégué son équipe réserve et retenu ses supporters.

Pauleta est gigantesque

Pour l'instant, l'OM accueille Rennes. Laszlo Bölöni joue les incendiaires : « On va devoir avaler tout le cinéma marseillais, dit-il. Marseille est protégé. Quand tu vas là-bas, tu subis les provocations, les simulations et toutes les décisions penchent de leur côté. »

« Mes joueurs vont être bien concentrés et motivés », ajoute-t-il. Ce n'est pas le cas de Bourillon qui, dès la 17e seconde de jeu, se fait chiper le ballon par Ribéry qui marque d'une frappe piquée. Les Bretons sont assommés. Un coup franc en force de Taiwo (19e) et une frappe croisée de Niang (45e) gomment tout suspense avant le repos.

« Marseille était plus fort que nous », reconnaît Bölöni. « Ça fait longtemps que les supporters attendent un titre, déclare Ribéry. Un tel public le mérite. »

Pour aller à Nantes, Paris est privé de Kalou, suspendu. Quant à Pauleta, blessé à une cuisse, il effectue, en apparence, le voyage uniquement pour soutenir le moral des troupes.

Guy Lacombe en appelle aux mânes des ancêtres – « Paris a gagné six Coupes de France. C'est un socle sur lequel il faut s'appuyer » – et à… Pauleta, qui est bel et bien présent au coup d'envoi. Il faut tout le talent de Landreau pour détourner sa frappe sur le poteau (23e). Pancrate échoue également à deux reprises sur le gardien nantais en première période. Mais c'est lui, parfaitement propulsé par Pauleta – « il me met un bonbon dans l'espace », dira-t-il –, qui ouvre le score (68e). Si Cetto égalise de la tête

▲ ***Barthez ou Coupet ? Juninho ne se mouille pas et regarde ailleurs.***

▼ ***Ribéry a mis 17 secondes pour ouvrir le score contre Rennes.***

en devançant Yepes (72e), le dernier mot revient à « l'Aigle des Açores » qui transforme une ouverture aérienne de Dhorasoo dans l'axe, en frappe de volée supersonique sous la barre de Landreau. Un but gigantesque (86e) qui crée une ambiance de folie dans le camp parisien.
« Un but exceptionnel », dit Lacombe, ravi de son coup de bluff. « C'est ma plus belle soirée depuis que je suis au PSG », jubile Pancrate. Et Le Dizet constate : « Comme on le craignait, la décision s'est faite sur un coup de génie de Pauleta. »

Les présidents calment le jeu

PSG-OM pour le meilleur et pour le pire. L'affrontement ultime, que tout le monde voulait voir, en priant secrètement pour qu'il ne survienne jamais, est annoncé.
« Le sort a voulu qu'il en soit ainsi, philosophe le président de l'OM, Pape Diouf. C'est un vrai match explosif par rapport à un passé plein de soubresauts. Mais nous ne sommes pas dans l'état d'esprit d'aller en guerre. Il est grand temps que PSG-OM devienne une affiche alléchante. »
« Ce doit être la fête du football et une grande leçon de vie », lui répond Guy Lacombe.
Le ministre de l'Intérieur, Nicolas Sarkozy, reçoit les deux présidents, Pape Diouf et Pierre Blayau, qui décident de taire leurs querelles et se serrent la main devant les objectifs. Le ministre annonce une « tolérance zéro » en terme de maintien de l'ordre. « Une prise de conscience générale a eu lieu », déclare Pape Diouf. Mais le gardien parisien Lionel Letizi n'est pas dupe : « On n'élimine pas comme ça des années de tensions et de rancœurs. »
S'il est impossible d'enlever l'épée de Damoclès qui plane sur la rencontre, il est possible en revanche de ramener celle-ci dans son cadre sportif. « Les Marseillais sont logiquement favoris », affirme Lacombe. « Ce n'est pas très flatteur pour son équipe, lui réplique le Marseillais Lamouchi. Je ne crois pas qu'il pense qu'on est meilleurs qu'eux. »
« Les Marseillais sont largement favoris, embraye Dhorasoo. On est outsiders, mais on va créer la surprise. » « Vu notre trajectoire actuelle, on est un peu plus favoris », concède maladroitement l'honnête Ribéry. « Il n'y a aucun favori. Il y a deux favoris, tranche Fernandez. L'important c'est de ne pas jouer le match dans la tête avant le vrai match. » Et c'est sans doute l'erreur que commettent les Marseillais.

▲ *En demi-finale, Nantes et Landreau craquent à Paris.*

▲ *Cette fois, face à Paris, ce n'est pas la réserve marseillaise qui joue.*

▼ *Dhorasoo a frappé : Barthez va s'incliner.*

Dans un Stade de France chauffé à blanc, à rouge et à bleu, Cissé chipe le ballon à Taiwo et l'offre à Kalou. L'Ivoirien ouvre le score d'une frappe sensationnelle qui foudroie Barthez (6e). « Neuf fois sur dix, un ballon comme ça part dans les nuages, dira Kalou, mais parfois ça marche. »
L'OM ne se remettra pas de ce coup de massue. Paris peut voir venir. Deux interventions douteuses de Mendy dans sa surface de réparation sur Niang puis Oruma laissent l'arbitre, M. Duhamel, de marbre, à la grande colère des Marseillais, qui perdent en outre Pagis blessé (37e).

Dhorasoo, l'incroyable buteur

Les vingt premières minutes de la seconde période sont un récital parisien. C'est d'abord Dhorasoo qui inscrit un magnifique second but. Après avoir récupéré le ballon dans son propre camp, il s'enfonce dans l'axe et délivre une frappe limpide de 25 mètres sur laquelle Barthez se détend en vain (49e). « Plus j'avançais et plus je me disais que la passe était inutile, racontera l'improbable buteur. J'ai pensé : Allez, frappe, on mène 1-0, tente quelque chose, on ne pourra rien te reprocher. Et c'est rentré ! » C'est le premier but de l'international sous le maillot parisien. Il vaut cher.
Dans la foulée, Kalou, servi en retrait par Pauleta, rate une formidable balle de break qu'il envoie sur la barre transversale (54e). Rothen expédie ensuite un coup franc sur le poteau (62e) et Barthez s'oppose à une lourde frappe de Cissé (65e).
Mais il est dit que Paris ne s'épargnera aucune angoisse. Décalé par Niang, Maoulida transperce Letizi (67e). Pourtant, le score n'évoluera plus, en dépit d'une ultime franche occasion négligée par Lamouchi (86e).
Paris remporte sa 7e Coupe de France et devient le seul dauphin du recordman marseillais (10 victoires). Barthez n'aime pas ce moment. Il file tout droit au vestiaire plutôt que d'aller chercher sa médaille. Il invoquera « une petite envie pressante ».
« La chance que l'on n'a pas eue en championnat, on l'a eue en Coupe », constate Lacombe. « On savait que ce ne serait pas forcément la meilleure équipe qui gagnerait, mais celle qui commettrait le moins d'erreurs », regrette, un brin amer, Jean Fernandez.
Comme les incidents entre supporters ont été limités et circonscrits, comme les noms d'oiseaux qui ont volé entre certains joueurs et dirigeants des deux camps à la mi-temps sont passés par pertes et profits, Pauleta peut tirer, sans faire de vagues, sa conclusion personnelle : « Tout le monde se souvient de ce qui s'est passé en mars au Parc des Princes et comme je dis souvent : "Celui qui habite là-haut ne dort jamais." »
Dieu, supporter du PSG ? La sensationnelle révélation est bien dans la ligne d'une finale hors norme, à la fois superbe et effrayante.

▲ ***Paris a sauvé sa saison en remportant joliment la Coupe de France.***

LE CARNET DE NOTES

Lille tient son rang

Lyon premier de la classe, c'est devenu une habitude. Mais on va aussi peut-être s'habituer à voir Lille figurer dans les excellents élèves du championnat de France. En tout cas, les joueurs de Claude Puel ont confirmé leur surprenante saison 2005. De Lyon, premier, à Metz, affreux dernier, on passe bien sûr par toute la gamme des sentiments, des bonheurs et des déceptions. Et l'on constate que, comme en 2005, le PSG et l'OM sont inséparables. Au moins évoluent-ils cette fois-ci au-dessus de la moyenne. Ils n'en demeurent pas moins des élèves extrêmement dissipés. Félicitations enfin aux trois promus, Nancy, Le Mans et Troyes, qui ont bien travaillé avec de modestes moyens.
Voici le carnet de notes annuel des vingt élèves de la L1, avec en préambule l'objectif visé par les entraîneurs en poste en début de saison.

18/20 : Lyon

Gérard Houllier : *« Il faut continuer de gagner. Le vrai challenge, c'est ça : maintenir le niveau de performance. C'est pour ça que j'ai dit aux joueurs que le plus beau titre serait sûrement le cinquième. »*
Un petit point de plus que l'année précédente pour l'OL qui a non seulement relevé le challenge d'un cinquième titre, conquis avec un énorme panache, mais n'a pas été loin de blackbouler le grand Milan AC en quarts de finale de la C1. Une élimination qui laisse des regrets et qui a pesé lourd dans la victoire concédée, dans la foulée, à l'OM en Coupe de France. S'appuyant sur un effectif impressionnant, Houllier a forgé une équipe souvent brillante et presque toujours efficace. L'OL sait ce qui lui reste à faire pour atteindre la perfection du 20/20.

15/20 : Lille

Claude Puel : *« En 2005, Lille était à son niveau. Ce sont les autres qui ne l'étaient pas. Et comme les grosses écuries voudront prendre leur revanche, monter sur le podium serait un exploit. »*
Eh bien ! Les Lillois ont accompli cet exploit, arrachant de haute lutte la troisième place et les préliminaires de la C1, un an après une deuxième place tout aussi inattendue. Avec son groupe de joueurs interchangeables et de très haut niveau, Puel n'a pas hésité, en outre, à jouer sur les quatre tableaux, poussant même l'aventure de la Coupe de l'UEFA jusqu'en huitièmes de finale, où le LOSC s'inclina contre Séville le futur vainqueur. Et tout cela sans stade digne de ce nom. Lille est allé au bout de ses possibilités. Qui peut en dire autant ?

14/20 : Bordeaux

Ricardo : *« Notre objectif est une huitième place minimum. Je veux jouer le titre la saison d'après. Je veux rendre leur statut aux Girondins. »*
Si Bordeaux n'a pas vraiment ébloui par la qualité de son jeu ou son efficacité, il est venu tranquillement cueillir la deuxième place du championnat directement qualificative pour la C1. Un rang occupé durant pratiquement tout le parcours retour. Ce résultat considérable porte la griffe du Brésilien Ricardo, un entraîneur qui tend sans cesse vers la perfection. Du coup, le faux pas en Coupe de la Ligue à Montpellier ne pèse rien. Mention bien indiscutable pour des Girondins en avance sur leur programme.

12,5/20 : Nancy

Pablo Correa : *« On veut rester en L1 tout en conservant nos valeurs. On s'est battus pour redonner à Nancy l'image d'un club familial et sympa. »*
Chapeau le promu ! Non seulement Nancy, après un départ hésitant, a assez tranquillement traversé le championnat, ne tremblant quasiment jamais pour son maintien, mais il est venu rafler la Coupe de la Ligue au nez et à la barbe des grands, obtenant ainsi un ticket européen. Pour être allé bien au-delà de ses objectifs, le club lorrain mérite sans hésitation une mention.

12/20 : Lens

Francis Gillot : *« Même s'il faut rester modeste, un club comme le nôtre doit forcément regarder vers le haut et lutter pour l'Europe. »*
Longtemps englué dans les matches nuls, mais aussi dans une longue série de matches sans défaite, Lens avait fini la première partie de championnat en deuxième position. Un coup de moins bien au cœur de l'hiver faillit lui coûter une place européenne récupérée in extremis lors de l'ultime journée. Ce qui mérite une mention, car la concurrence était rude. Déception en revanche dans les Coupes. Sortis indemnes de l'Intertoto, les Nordistes ont buté au niveau des matches de poule en UEFA. Et dans l'Hexagone, ils ont très tôt disparu mais, circonstance atténuante, contre Rennes et Auxerre.

11,5/20 : Marseille

Jean Fernandez : *« On vise ce qu'il y a de mieux. Mais si on se dit qu'on va jouer la Ligue des champions et que nous n'avons pas une équipe compétitive, cela ne sert à rien de fixer des objectifs. »*
Difficile également de noter l'OM qui a failli remporter la Coupe de France, et s'est retrouvé à quelques minutes d'une qualification pour la C1 lors de la dernière journée de championnat. Plombé par un remarquable parcours en Coupe Intertoto, le début de championnat des Marseillais a été tellement mauvais (20e après cinq journées) qu'ils ont dû effectuer en permanence une épuisante course-poursuite. Ils ont pourtant bien failli en sortir victorieux alors qu'ils ont longtemps géré en parallèle la Coupe de l'UEFA. Dotée d'un bel esprit, l'équipe de l'attachant Jean Fernandez, portée par l'intenable Franck Ribéry, s'est mieux comportée en tout cas que sa peu glorieuse devancière.

11,5/20 : Paris SG

Laurent Fournier : *« Nos adversaires seront à 200 %. Nous devrons l'être aussi. Penser que ça va être facile à cause des noms des joueurs dont on dispose cette saison, c'est se tromper. Ce sera très dur. »*
Chaque année, noter le PSG est un véritable casse-tête. Si l'on ne prenait en compte que le championnat, le club parisien n'irait pas beaucoup plus haut que son 6/20 de 2005. Seulement voilà, après beaucoup d'à-peu-près, de matches incroyablement ternes à l'extérieur, de révolutions de palais, technique et présidentielle, Paris a remporté la Coupe de France contre son meilleur ennemi, l'OM, au bout d'un match accompli, ce qui lui ouvre les portes de la petite Europe. Impossible de ne pas en tenir compte dans la note finale.

11,5/20 : Le Mans

Frédéric Hantz : *« L'objectif est évidemment le maintien. Il faut attendre pour savoir si on est trop juste pour accrocher la dix-septième place ou si on peut espérer la douzième. »*
En terminant onzième du championnat, Le Mans a fait plus que son devoir, lui qui fut même, après quelques journées, dauphin de Lyon. Doté d'un jeu solide, à défaut d'être spectaculaire, le promu s'est même glissé jusqu'en demi-finale de la Coupe de la Ligue et n'a jamais tremblé pour son avenir parmi l'élite. Une vraie réussite qui lui vaut de frôler la mention.

11/20 : Nice ▼

Frédéric Antonetti : *« On veut bosser et vivre un championnat tranquille, c'est-à-dire ne pas attendre la dernière journée pour assurer le maintien. »*
Contrat rempli pour les Niçois qui, après un parcours aller hésitant (14e à la trêve), ont effectué une belle remontée en fin de saison pour finir huitièmes. Tranquilles en championnat grâce à une qualité de jeu en amélioration, les Aiglons ont même frôlé le grand bonheur en parvenant en finale de la Coupe de la Ligue. Hélas, ce soir-là, contre Nancy, la pression les tétanisa. À noter une affreuse élimination en Coupe de France dès l'entame à Brest (3-0). Mais l'ensemble vaut largement la moyenne.

11/20 : Rennes ▶

Laszlo Bölöni : *« Je veux toujours finir le plus haut possible. On semble sur le papier plus forts qu'en 2005, mais je sais qui sont les gros budgets et qui a raté la saison passée. »*
Encore quatorzième après vingt-cinq journées, Rennes, en enchaînant huit succès consécutifs, s'était mis à croire au grand bonheur européen de la C1. Une affreuse dernière journée l'a privé de toute récompense, ce qui n'enlève rien à la beauté de sa sensationnelle remontée. Naufragés lors des matches de poule de la Coupe de l'UEFA, après avoir sorti Pampelune, les Bretons sont allés en demi-finale de la Coupe de France mais ont dérapé à Montpellier en Coupe de la Ligue. Une saison mi-chèvre mi-chou, qui mérite tout de même le respect.

10/20 : Auxerre ▲

Jacques Santini : *« Mon but consiste à renforcer la régularité dont l'AJA fait preuve depuis plusieurs saisons. Auxerre a toujours pu compter sur de vrais compétiteurs. »*
La greffe Santini-Auxerre n'a pas pris. Antithèse de Guy Roux, l'ancien sélectionneur des Bleus a eu beaucoup de mal à faire passer son message auprès des joueurs et des dirigeants. Prématurément éliminé de la Coupe de l'UEFA, Auxerre a pourtant à peu près tenu son rang en championnat, évoluant entre la troisième et la cinquième place de la 10e à la 30e journée, avant de lâcher du lest quand il apparut clairement qu'entre le coach et ses employeurs, la rupture était consommée. Très tôt sorti des Coupes par le PSG au Parc et Le Mans à domicile, Auxerre a beaucoup gâché.

9,5/20 : Troyes ▼

Jean-Marc Furlan : *« Une dix-septième place suffirait grandement à notre bonheur. Ce n'est pas un petit challenge même si rien ne nous empêche de caresser des rêves un peu plus fous. »*
Troyes a donc caressé jusqu'au bout son petit bonheur, non sans avoir tremblé en fin de saison. Abonnée à la dix-septième place plus souvent qu'à son tour, l'équipe de Jean-Marc Furlan a toutefois toujours essayé de pratiquer un jeu ambitieux, tirant le quasi-maximum de ses modestes possibilités. Et quand un promu se maintient, il a fait son devoir. Mais l'élimination d'entrée de jeu en Coupe de France contre Calais interdit de mettre la moyenne aux Troyens.

LE CARNET DE NOTES

9/20 : Saint-Étienne ▼

Elie Baup : *« Les dirigeants ont budgétisé la treizième place. C'est bien de ne pas mettre le club en péril mais d'être en harmonie avec les idées et les moyens pour essayer ensuite de les dépasser. »*
D'une certaine façon, Saint-Étienne a donc atteint son objectif en finissant treizième. Mais lorsque l'on a été quatrième après dix journées et cinquième après quinze, quand on a espéré l'Europe, comment ne pas dresser un constat d'échec ? Les Verts n'ont pas tenu la distance et pour ne rien arranger, après avoir échoué en Coupe Intertoto, ils se sont inclinés dès l'entame dans les deux Coupes nationales, les deux fois à domicile et les deux fois contre leur bête noire, Lille. C'est trop peu lorsque l'on dispose d'un chaudron et du public qui va avec.

8/20 : Nantes ▶

Serge Le Dizet : *« Le groupe dégage une énergie qui lui fait croire qu'il peut renverser des montagnes. Son potentiel se situe entre la huitième et la quinzième place. Nous voulons surtout vivre une saison plus tranquille. »*
Sauvé de la descente en 2005 lors de la dernière journée, Nantes a, c'est vrai, vécu une saison plus tranquille et mérite donc 3 points de plus que l'an dernier. Mais après un départ satisfaisant, les Canaris ont passé de longs mois confinés entre la treizième et la quinzième place, dans une médiocrité un peu désespérante. À noter tout de même une performance en Coupe de la Ligue contre Lyon, avant une élimination à Bordeaux, et une demi-finale de Coupe de France. Bien peu de choses tout de même, en regard d'un passé parfois glorieux et souvent brillant.

7/20 : Toulouse ▲

Erik Mombaerts : *« Il faut tendre vers plus de constance. L'Europe en 2005 n'était sans doute pas trop haute, mais c'était précipité pour une équipe qui n'avait que deux ans de vie en L1. »*
L'audacieux recrutement effectué durant l'été (les Sochaliens Mathieu et Santos notamment) laissait deviner une ambition nouvelle à visée européenne. Mais Toulouse est allé de déception en déception, évoluant presque toute la saison dans le milieu de la seconde partie du classement. La seizième place finale est un véritable échec, aggravé par une élimination en Coupe de France d'entrée de jeu à Lyon-la Duchère (CFA) et à domicile en quarts de finale de Coupe de la Ligue, contre un Monaco pourtant peu fringant. Une note à l'image d'une saison ratée.

6,5/20 : Sochaux ▼

Dominique Bijotat : *« La volonté c'est d'être dans la première moitié du tableau, faire quelque chose en Coupe et s'épanouir dans le jeu. »*
Aucun des objectifs fixé par son entraîneur n'a été atteint par le club sochalien qui a traversé la saison dans une morosité permanente entre la quinzième et la dix-huitième place, certes sans être jamais véritablement menacé, mais sans jamais non plus pouvoir espérer mieux. Deux éliminations trop précoces dans les Coupes – à Marseille futur finaliste et à Nancy futur vainqueur – accentuent cette grisaille générale. Une saison à oublier.

6/20 : Strasbourg ▶

Jacky Duguépéroux : *« Avec un groupe où il y a du respect, de l'envie et une concurrence saine, on peut viser la fin de la première partie du classement. En UEFA, on espère accéder à la phase de poule. »*
Quelle déception pour le club alsacien qui non seulement a été relégué, mais n'a surtout jamais pu espérer autre chose, avec un premier succès acquis lors de la 18e journée. En dépit d'une certaine qualité de jeu, les résultats n'ont jamais été au rendez-vous. Curieusement, Strasbourg a plutôt réussi sa Coupe de l'UEFA, rayonnant à l'extérieur et franchissant brillamment le cap de la phase de poule avant de s'incliner contre Bâle en seizièmes de finale. Ce qui lui évite une note encore plus médiocre.

5/20 : Monaco ▲

Didier Deschamps : *« On est là pour jouer les premiers rôles et nous qualifier pour la C1. Mais une bonne saison, c'est gagner quelque chose. »*
Quelle catastrophe ! Dans une ambiance sans cesse conflictuelle jusqu'au départ de Deschamps, le club de la Principauté a accumulé les bourdes et les dérapages, à commencer en Ligue des champions où il s'est fait sortir dès le tour préliminaire. Pratiquement jamais dans le coup en championnat, en dépit d'une embellie en fin d'automne (5e à mi-parcours), Monaco a connu en outre la honte d'une élimination face à Colmar (CFA2) en Coupe de France et la vexation d'un échec à domicile contre Nice en Coupe de la Ligue. Presque tout est à jeter dans cette sinistre saison.

4/20 : Ajaccio ▼

Rolland Courbis : *« Si malgré ceux qui ont bloqué le projet de nouveau stade et affaibli le recrutement on laisse trois équipes derrière nous, on aura autant de satisfactions que si on finissait dans les trois premiers. »*
Dans des conditions effectivement très difficiles et malgré un départ plutôt réussi (8e après cinq journées), Ajaccio a vite montré ses limites et son incapacité à se maintenir, en dépit du remplacement de Courbis par José Pasqualetti. Une petite consolation en Coupe de la Ligue avec une accession aux quarts de finale (une première depuis des lustres) et une élimination à Nancy, le futur vainqueur. Ce qui modifie peu la minceur du bilan.

2/20 : Metz ▼

Joël Muller : *« Cette fois, on va essayer de se mettre à l'abri un peu plus tôt. Mais il faut être lucide, on ne peut pas viser bien plus haut que la dix-septième place. »*
D'une certaine façon, Metz s'est mis à l'abri très tôt, mais du maintien, lequel devint très vite une chimère. Mauvais résultats permanents en championnat, éliminations rapides dans les deux Coupes, sale ambiance au sein du groupe, soupçons de matches truqués, la couleur noire n'est pas assez sombre pour décrire la saison du club lorrain.

L'Égypte, monstre de l'Afrique

La quinzième édition de la CAN ne se déroule pas seulement en Afrique. L'Égypte, lorsqu'il est question de ballon rond, de suprématie continentale et que tout cela se passe chez elle, devient une autre planète. Et si le Cameroun, la Côte d'Ivoire et la Tunisie (tenant du titre), qui participent à la Coupe du monde, sont les logiques favoris de la compétition, la sélection égyptienne fait peur. Dans son stade du Caire, devant près de 80 000 personnes en délire, elle ne perd pas un match jusqu'à la finale. Pourtant, sa victoire en demi-finale contre le Sénégal (2-1) fait beaucoup jaser. En fin de match, les Lions de la Terenga auraient dû obtenir un penalty indiscutable qui ne fut jamais sifflé. « Si l'arbitrage est le même en finale, on a perdu d'avance », annonce Didier Drogba.

Cette finale, près d'un million et demi d'Égyptiens a demandé à y assister. Les Pharaons y retrouvent la Côte d'Ivoire, qu'ils ont facilement dominée en poule (3-1). « Mais elle était déjà qualifiée et l'équipe que nous allons affronter ne ressemblera en rien à celle que nous avons battue », prévient le sélectionneur égyptien, Hassan Shehata. Il choisit de se passer de Mido, remplacé en cours de demi-finale et qui a manifesté son agacement en comparant son entraîneur à « un âne ». L'ancien Marseillais regarde donc la finale de la tribune de presse. Il voit un match tendu, que la Côte d'Ivoire subit mais manque de gagner lorsque Drogba, seul au deuxième poteau, envoie le ballon au-dessus de la barre (77e). Ensuite, un but de Zaki est refusé pour une position de hors-jeu de Shawki relativement discutable dans l'esprit du jeu (84e). Tout aussi discutable est le penalty accordé par l'arbitre

▼ ***Chez les Pharaons, on cultive la bonne humeur.***

▲ ***Zokora et Drogba supplient l'arbitre d'arrêter de les embêter.***

tunisien Mourad Daami aux Pharaons à la 6e minute de la prolongation. Sur l'action, Kouassi se jette, pied en avant sur Barakat, qui lui aussi lève sa jambe. Ahmed Hassan ne libère pas le Cairo Stadium en envoyant le ballon sur le poteau de Tizié. « Contre le Sénégal, c'était déjà du vol, s'emporte Henri Michel, sélectionneur des Éléphants. On leur donne un penalty et ils ne sont même pas capables de le mettre ! »
Personne ne fait la différence, qui viendra donc des tirs au but. Ahmed Hassan ne se démonte pas et se présente le premier face au gardien ivoirien. Il marque son penalty tout comme Abdelwahab tandis que Drogba a raté le sien. Le Niçois Koné manquera également son tir, permettant à Abo Treka de clore cette séance triomphalement. « On a eu de la chance, reconnaît Shehata. Si quelqu'un mérite ce titre, c'est le public, toujours exemplaire dans son soutien. » Après ses succès en 1957, 1959, 1986 et 1998, l'Égypte tient sa cinquième Coupe d'Afrique. Un record qui la place devant le Cameroun et le Ghana, quatre fois vainqueurs.

▲ ***Arouna Koné et les Ivoiriens ne sortent pas de la tenaille égyptienne.***

Temps additionnel

Quand le temps réglementaire est terminé, le match n'est pas tout à fait fini. Sous l'écume éblouissante de ses temps forts, le foot cache la vague de son actualité permanente et foisonnante. Alors, pour vraiment tout savoir de la saison 2005-2006, faisons encore rouler le ballon.

AOÛT 2005

- Le Portugais Luis Figo quitte le Real pour l'Inter de Milan.
- À Libourne, en match amical, l'équipe de France espoirs et l'Italie font match nul (2-2, buts de Toulalan et Le Tallec).
- Arsène Wenger dispute et perd contre Chelsea (1-0) son 500e match à la tête d'Arsenal.
- À Monaco, Liverpool remporte la Supercoupe d'Europe en battant le CSKA Moscou (3-1 a.p., dont 2 buts de Djibril Cissé).

Vingt ans de carrière au Milan pour Paolo Maldini qui bat le record de Dino Zoff avec 571 matches de Série A.

JUILLET 2005

- Saint-Étienne élimine les Suisses de Neuchâtel au deuxième tour de la Coupe Intertoto (2-1, 2-2).
- Patrick Vieira quitte Arsenal pour le Real Madrid.
- Saint-Étienne est éliminé au troisième tour de la Coupe Intertoto par les Roumains de Cluj (1-1, 2-2).
- Lyon s'incline devant Tottenham (3-1) en finale du Tournoi de la Paix disputé en Corée du Sud.
- Lyon remporte le Trophée des Champions pour la quatrième année consécutive en battant Auxerre (4-1, dont 3 buts de Carew).
- À Belfast, l'équipe de France des moins de 19 ans est sacrée championne d'Europe en battant l'Angleterre (3-1, buts de Chakouri, Baldé et Gouffran). Elle avait auparavant fait match nul avec l'Angleterre (0-0), puis battu la Norvège (3-1) et l'Arménie (1-0), au premier tour, avant d'éliminer l'Allemagne (3-2) en demi-finales.
- À Zalaegerszeg (Hongrie), l'équipe de France féminine des moins de 19 ans s'incline en finale du championnat d'Europe contre la Russie (0-0, 6 tab. 5).

La fête à Belfast pour les Bleus, champions d'Europe des moins de 19 ans.

SEPTEMBRE 2005

• À Épernay, en match amical, l'équipe de France espoirs bat la Macédoine (3-0, 1 but de Le Tallec, 2 buts de Briand).
• L'arbitre italien Pierluigi Collina met un terme à sa carrière.
• À Cork, en match qualificatif pour le championnat d'Europe espoirs, la France bat l'Eire (2-1, but de Le Tallec et Bergougnoux).
• Plus de vingt ans après ses débuts (20 janvier 1985), le défenseur du Milan AC Paolo Maldini dispute son 571e match en championnat d'Italie, battant le record du légendaire gardien Dino Zoff.
• À Angers, en match qualificatif pour le Mondial féminin, les Pays-Bas battent la France (1-0).

▲ ***Vous ne verrez plus ce regard sur un terrain de foot.***

▲ ***Pour Cissé, la Supercoupe d'Europe.***

▲ ***Découverte de la Turquie pour Jean Tigana, nouvel entraîneur du Besiktas.***

OCTOBRE 2005

• Vahid Halilhodzic signe à Trabzonspor (Turquie).
• À Schaffhausen, en match qualificatif pour le championnat d'Europe espoirs, la France bat la Suisse (3-0, triplé de Le Tallec).
• L'international Christian Karembeu (53 sélections), champion du monde en 1998, met un terme à sa carrière à l'âge de 34 ans.
• Thierry Henry devient le meilleur buteur d'Arsenal avec 187 buts (ancien record: Ian Wright, 186 buts) en inscrivant un doublé en Ligue des champions à Prague.
• Jean Tigana devient entraîneur du Besiktas Istanbul.
• En marquant contre le Bayern Munich, en Ligue des champions, son 105e but sous le maillot de la Juventus, David Trezeguet dépasse Michel Platini (104 buts).

◄ ***Pelé salue le jeune retraité Christian Karembeu, champion du monde en 1998.***

▲ *George Best, star de Manchester United et Ballon d'Or 68,*

▲ *Ronaldinho, 50e Ballon d'Or de* **France Football.**

NOVEMBRE 2005

- L'équipe de France féminine s'impose en Autriche (3-1) en match qualificatif pour le Mondial 2007.
- Après 40 matches sans défaite en championnat, Chelsea s'incline à Manchester United (1-0).
- À Blois, en match qualificatif pour le Mondial 2007, l'équipe de France féminine bat la Hongrie (2-0).
- À Londres, en match aller des huitièmes de finale du championnat d'Europe espoirs, l'Angleterre et la France font match nul (1-1, but de Le Tallec).
- Au stade Charléty, à Paris, un match amical entre la Tunisie et la République du Congo est interrompu à la 65e minute à la suite de l'envahissement du terrain et de bagarres entre supporters.
- Décès, à l'âge de 83 ans, de Marceau Sommerlinck, cinq fois vainqueur de la Coupe de France avec Lille entre 1946 et 1955.
- À Nancy, en match retour des huitièmes de finale du championnat d'Europe espoirs, la France élimine l'Angleterre (2-1, buts de Ribéry et Briand).
- Luis Fernandez devient manager du Bétar Jerusalem.
- La Turquie est suspendue pour six matches officiels à domicile à la suite des incidents qui ont marqué la fin du match qualificatif pour la Coupe du monde Turquie-Suisse (4-2). Une sanction ramenée à trois matches en appel.
- Décès, à l'âge de 59 ans, de l'ancien joueur irlandais de Manchester United George Best. Il avait été sacré Ballon d'Or en 1968.
- Le Brésilien de Barcelone Ronaldinho est élu 50e Ballon d'Or de *France Football*. Il devance les Anglais Frank Lampard (Chelsea) et Steven Gerrard (Liverpool).
- Le joueur français d'Utrecht David di Tommaso meurt à 26 ans d'un arrêt cardiaque.

▲ ***Luis Fernandez manage en Israël.***

DÉCEMBRE 2005

• À Yokohama (Japon), Mineiro São Paulo (Brésil) devient champion du monde des clubs en battant en finale Liverpool (1-0).
• Le Paris SG est condamné à verser 3,5 millions d'euros à son ancien entraîneur Vahid Halilhodzic pour rupture abusive de contrat.
• Thierry Henry est sacré pour la quatrième fois meilleur joueur français de l'année par *France Football*. Il devance Grégory Coupet et Claude Makelele.

JANVIER 2006

• Laurent Robert quitte Portsmouth pour le Benfica Lisbonne.
• Alessandro del Piero devient meilleur buteur de l'histoire de la Juventus (185 buts contre 182 à Giampiero Boniperti) grâce à un triplé contre la Fiorentina en Coupe d'Italie.
• Zinedine Zidane réussit le premier triplé de sa carrière lors du match de championnat Real Madrid-FC Séville (4-2).
• Le Stéphanois Frédéric Piquionne est suspendu un match et sanctionné financièrement par son club pour avoir frappé un supporter.
• Le tirage au sort des groupes qualificatifs pour le championnat d'Europe 2008 désigne l'Italie, l'Ukraine, l'Écosse, la Lituanie, la Géorgie et les Iles Féroé comme futurs adversaires de la France.

FÉVRIER 2006

• Le Real Madrid s'incline 6-1 à Saragosse en match aller des demi-finales de la Coupe d'Espagne.
• Lors d'une rencontre de la 21e journée du championnat d'Allemagne, Schalke 04 bat Leverkusen 7-4.
• Décès, à l'âge de 76 ans, de l'ancien international (21 sélections) de Nice et du Racing Club de Paris Joseph Ujlaki.
• Les gardiens de Nantes et Troyes, Mickaël Landreau et Ronan Le Crom, sont expulsés par l'arbitre Alain Sars lors d'un match de championnat.
• Démission du président du Real Madrid Florentino Perez. Il était en place depuis six ans et avait monté l'équipe des « Galactiques ».
• À Toulon, en match amical, l'équipe de France espoirs bat la Slovaquie (2-1, buts de Le Tallec et Flamini).

▲ ***Piquionne a frappé un supporter. Son club le suspend.***

▲ ***Landreau et Le Crom, deux gardiens expulsés dans un même match de Ligue 1.***

▶ ***Les Galactiques, c'est lui, Florentino Perez. Le président du Real démissionne en février.***

▲ *Eric Poulat, seul arbitre français sélectionné pour le Mondial.*

MARS 2006

- Alain Giresse devient entraîneur du Gabon.
- Paul Le Guen donne son accord pour entraîner les Glasgow Rangers en 2006-2007.
- À Londres, l'équipe de France féminine et l'Angleterre font match nul (0-0) en match qualificatif pour le championnat du monde 2007.
- Le Français Éric Poulat est désigné pour faire partie des 23 arbitres qui officieront lors de la Coupe du monde en Allemagne.

▲ *Alan Shearer tire sa révérence.*

AVRIL 2006

- Le PSV Eindhoven est sacré champion des Pays-Bas pour la 19e fois.
- Décès, à l'âge de 76 ans, de l'ancien Lensois, Rennais et Monégasque Théo (Théodore Skudlapski), international à deux reprises.
- Le match de L2 Bastia-Caen est arrêté à la suite de l'invasion du terrain. Le stade Furiani sera suspendu deux matches.
- L'attaquant international (63 sélections, 30 buts) anglais de Newcastle Alan Shearer met un terme à sa carrière à l'âge de 35 ans, après avoir inscrit 379 buts en 733 matches officiels.
- L'équipe de France féminine s'impose en Hongrie (5-0) en match qualificatif pour le Mondial féminin 2007.
- Porto est sacré champion du Portugal pour la 21e fois.
- Bixente Lizarazu, 36 ans, met un terme à sa carrière. L'ancien champion du monde a porté le maillot bleu à 97 reprises et a été six fois champion d'Allemagne avec le Bayern Munich.
- Chelsea est sacré champion d'Angleterre pour la seconde année consécutive.

▼ *Bixente Lizarazu tire aussi sa révérence.*

MAI 2006

- Elie Baup n'est plus l'entraîneur de Saint-Étienne. Il signera à Toulouse.
- Barcelone est sacré champion d'Espagne pour la 18e fois.
- Jean-Pierre Papin est nommé entraîneur de Strasbourg qui vient de descendre en L2.
- Le Bayern Munich est sacré champion d'Allemagne pour la 20e fois.
- L'ancien capitaine de l'équipe de France Marcel Desailly, 37 ans, 116 sélections, annonce officiellement sa retraite. Il ne jouait plus depuis novembre 2005 et son départ du Qatar Club.
- Le Lyonnais Juninho est élu meilleur joueur de la saison de L1.
- Anderlecht est sacré champion de Belgique pour la 28e fois.
- Le FC Séville remporte la Coupe de l'UEFA en battant en finale les Anglais de Middlesbrough (4-0).
- La Juventus de Turin est sacrée pour la 29e fois championne d'Italie.
- Alain Perrin remplace Dominique Bijotat comme entraîneur de Sochaux.
- Jean Fernandez quitte l'OM et remplace Jacques Santini comme entraîneur d'Auxerre.
- Le Tchèque Ivan Hasek est nommé entraîneur de Saint-Étienne.
- Lors du premier tour de la phase finale du championnat d'Europe espoirs, au Portugal, la France bat successivement le Portugal (1-0, but de Briand), l'Allemagne (3-0, buts de Sinama-Pongolle, Gouffran et Mavuba) et la Serbie-et-Monténégro (2-0, buts de Bergougnoux et Toulalan).
- Strasbourg remporte la Coupe Gambardella (Coupe de France des juniors) en battant Lyon (3-1).
- Robert Pires quitte Arsenal pour Villarreal.
- Laszlo Bölöni quitte Rennes pour devenir entraîneur de Monaco.
- L'attaquant ukrainien Andreï Chevtchenko est transféré du Milan AC à Chelsea.

▲ ***Juninho élu meilleur joueur de la L 1.***

▲ ***Jean-Pierre Papin est nommé entraîneur de Strasbourg.***

▲ ***Rolland Courbis condamné à trois ans et demi de prison ferme dans le procès des comptes de l'OM. Il fait appel.***

JUIN 2006

- L'équipe de France espoirs s'incline face aux Pays-Bas (3-2 a.p., buts de Faubert et Bergougnoux) en demi-finales du championnat d'Europe espoirs. En finale, les Pays-Bas s'imposent face à l'Ukraine (3-0).
- L'international Johan Micoud quitte Brême et signe à Bordeaux.
- Treize condamnations dans le procès des comptes de l'OM. Rolland Courbis écope de trois ans et demi de prison ferme et le président Robert Louis-Dreyfus de trois ans avec sursis. Ils font appel.
- Djibril Cissé est prêté par Liverpool à l'OM.
- Albert Emon est nommé entraîneur de l'OM.
- Le Rennais Yoann Gourcuff, 19 ans, quitte Rennes et signe pour cinq ans au Milan AC.

▲ ***Le jeune Rennais Yoann Gourcuff transféré au Milan AC.***

Les Résultats

CHAMPIONNAT DE FRANCE DE LIGUE 1

Classement final	Pts	J	G	N	P	Bp	Bc	Dif
1. Lyon	84	38	25	9	4	73	31	+42
2. Bordeaux	69	38	18	15	5	43	25	+18
3. Lille	62	38	16	14	8	56	31	+25
4. Lens	60	38	14	18	6	48	34	+14
5. Marseille	60	38	16	12	10	44	35	+ 9
6. Auxerre	59	38	17	8	13	50	39	+11
7. Rennes	59	38	18	5	15	48	49	- 1
8. Nice	58	38	16	10	12	36	31	+ 5
9. Paris SG	52	38	13	13	12	44	38	+ 6
10. Monaco	52	38	13	13	12	42	36	+ 6
11. Le Mans	52	38	13	13	12	33	36	- 3
12. Nancy	48	38	12	12	14	35	37	- 2
13. Saint-Étienne	47	38	11	14	13	29	39	-10
14. Nantes	45	38	11	12	15	37	41	-4
15. Sochaux	44	38	11	11	16	34	47	-13
16. Toulouse	41	38	10	11	17	36	47	-11
17. Troyes	39	38	9	12	17	37	47	-10
18. Ajaccio	33	38	8	9	21	27	53	-26
19. Strasbourg	29	38	5	14	19	33	56	-23
20. Metz	29	38	6	11	21	26	59	-33

Lyon et Bordeaux directement qualifiés pour la Ligue des champions
Lille disputera le 3e tour préliminaire de la C1
Lens en Coupe de l'UEFA avec Paris SG, vainqueur de la Coupe de France, et Nancy, lauréat de la Coupe de la Ligue
Metz, Strasbourg et Ajaccio sont relégués en Ligue 2

LE CLASSEMENT DES BUTEURS

21 buts : Pauleta (Paris SG)
14 buts : Fred (Lyon), Odemwingie (Lille)
13 buts : D. Cousin (Lens)
12 buts : Pieroni (Auxerre), Wiltord (Lyon)
11 buts : Utaka (Rennes)
10 buts : Chevanton (Monaco), M. Diallo (Nantes), Ilan (Sochaux), Luyindula (Auxerre), Moreira (Toulouse), Niang, Pagis (Marseille)
9 buts : Diané (Strasbourg), Grax (Troyes), Juninho (Lyon), Kalou (Paris SG), Kroupi (Nancy)
8 buts : Carew (Lyon), Darcheville (Bordeaux), Kahlenberg (Auxerre), Källström (Rennes)
7 buts : Chamakh (Bordeaux), Dagano (Sochaux), De Melo (Le Mans), Frei (Rennes), Koné (Nice)
6 buts : Aruna, Jussie, Thomert (Lens), Is. Bangoura (Le Mans), Gourcuff (Rennes), Ab. Keita (Lille), Malouda (Lyon), Maoulida, Ribéry (Marseille), Nivet (Troyes), Piquionne (Saint-Étienne), Zerka (Nancy)
5 buts : Bagayoko, Bellion, S. Traoré, Vahirua (Nice), Dallet, Jaziri (Troyes), Di Vaio, Kapo (Monaco), Faubert, Fernando (Bordeaux), Frau (Lens), Govou, Tiago (Lyon), Lamouchi (Marseille), Lucas, Mou. Ndiaye (Ajaccio), Makoun (Lille), Monterrubio (Rennes), Santos (Toulouse)
4 buts : Akalé, Lachuer (Auxerre), Bamogo, Fae (Nantes), Bodmer, Debuchy, Gygax, Moussilou (Lille), Yepes (Paris SG)
3 buts : Abdessadki, A. Farnerud, P. Farnerud, Le Pen (Strasbourg), Akpa Akpro, Batlles, Bergougnoux (Toulouse), Alonso, Denilson, Smicer (Bordeaux), Andre Luiz Silva, Brison, Curbelo (Nancy), Briand, Hadji (Rennes), Capoue, Keseru (Nantes), Cris, M. Diarra (Lyon), Fanchone, Grafite, Hautcœur, Matsui (Le Mans), Gueye, Proment, Tum (Metz), P. Feindouno, Hellebuyck, Hognon, Postiga (Saint-Étienne), Isabey, Menez (Sochaux), Se. Keita (Lens), Meriem, Vieri (Monaco), Mignot (Auxerre), Oruma (Marseille), Pancrate (Paris SG), Rocchi, Roudet (Nice), Scarpelli (Ajaccio)
2 buts : Abdoun, Chafni, K. Diawara, Saïfi (Ajaccio), Aboucherouane, Acimovic, Fauvergue (Lille), Ahn Jung-hwan, Borbiconi, Ouadah, Renouard (Metz), Amzine, G. Ba, Tourenne (Troyes), Arribagé, Dieuze, Emana, J. Mathieu (Toulouse), Caçapa, Pedretti (Lyon), Be. Cheyrou, Mathis (Auxerre), Ad. Coulibaly, A. Diarra, Hilton (Lens), E. Cissé, Landrin (Paris SG), F. Da Rocha, Oliech (Nantes), Diakhaté, Sarkisian (Nancy), Ederson (Nice), Erding, Weldon (Sochaux), Fauré, Lucau, F. Thomas (Le Mans), Gakpé, Gigliotti, Givet, Modesto (Monaco), B. Gomis, L. Perrin, Sablé (Saint-Étienne), Haggui, Johansen, Kanté (Strasbourg), Laslandes (Bordeaux)
1 but : Abardonado, S. Camara, Jarjat, (Nice), Adam, Ib. Bangoura, Boucansaud, Enza Yamissi, I. Faye, Matuidi (Troyes), Adebayor, Dos Santos, Maicon, Plasil, Squillaci, Veigneau, Zikos (Monaco), Afolabi, So. Diawara Genghini, Ndaw, Sène (Sochaux), Agouazi, Contout, Djiba, Huszti, Mom. Ndiaye, Obraniak, Youla (Metz), Antonio Carlos, Edson (Ajaccio), Benjani, Bolf, Diaby, Violeau (Auxerre), Benzema, Berthod, Müller (Lyon), Beye, Cana, Civelli, Déhu, Gimenez, Koke, Nasri, Taiwo (Marseille), Bonnet, Congré, Dao, Mansaré (Toulouse), Cabaye, Dernis, Dumont, Lichtsteiner, Mirallas, Schmitz, Tavlaridis (Lille), Carlier, Gameiro (Strasbourg), Cetto, Delhommeau, Dimitrijevic, Glombard, Guillon, Payet, Rossi, Signorino, Yapi-Yapo (Nantes), Br. Cheyrou, Ducasse, Francia, Henrique, Jemmali, Perea (Bordeaux), Chiumiento (Le Mans), Chrétien, Duchemin, Kim, Lécluse, Puygrenier (Nancy), Demont, Gillet, Khiter (Lens), F. Diawara, F. Mendy, Ilunga, Mazure (Saint-Étienne), E. Didot, Mensah, Mvuemba, Ouaddou, Sorlin (Rennes), Paulo Cesar, Rothen (Paris SG)

CLUB PAR CLUB

AJACCIO

À domicile :
Bat : Nancy (1-0), Marseille (3-1), Auxerre (1-0), Monaco (1-0), Toulouse (1-0), Saint-Étienne (3-1)
Nul avec : Lille (3-3), Le Mans (0-0), Strasbourg (0-0), Lens (0-0), Paris SG (1-1)
Battu par : Rennes (1-0), Sochaux (1-0), Troyes (1-0), Nantes (2-0), Bordeaux (2-0), Lyon (3-1), Metz (1-0), Nice (3-0)
À l'extérieur :
Bat : Nantes (2-0), Paris SG (4-2)
Nul avec : Saint-Étienne (0-0), Marseille (1-1), Nancy (0-0), Strasbourg (2-2)
Battu par : Auxerre (2-0), Bordeaux (1-0), Lyon (3-2), Monaco (3-0), Metz (2-0), Toulouse (3-0), Nice (1-0), Lille (2-0), Le Mans (1-0), Lens (1-0), Rennes (3-0), Sochaux (3-1), Troyes (3-0)

AUXERRE

À domicile :
Bat : Bordeaux (1-0), Ajaccio (2-0), Sochaux (3-0), Troyes (3-0), Paris SG (2-0), Lille (3-2), Nantes (4-0), Monaco (2-1), Lens (1-0), Rennes (2-0), Toulouse (2-0), Nice (2-0), Strasbourg (4-0)
Nul avec : Metz (1-1), Saint-Étienne (0-0), Le Mans (0-0)
Battu par : Lyon (2-0), Nancy (1-0), Marseille (2-1)
À l'extérieur :
Bat : Monaco (2-0), Metz (2-1), Le Mans (2-0), Nancy (3-1)
Nul avec : Strasbourg (0-0), Saint-Étienne (1-1), Lyon (1-1), Troyes (1-1), Lille (1-1)
Battu par : Lens (7-0), Rennes (3-1), Toulouse (2-0), Nice (1-0), Marseille (1-0), Bordeaux (1-0), Ajaccio (1-0), Sochaux (1-0), Paris SG (4-1), Nantes (3-2)

BORDEAUX

À domicile :
Bat : Nancy (1-0), Monaco (1-0), Ajaccio (1-0), Troyes (2-0), Lille (1-0), Auxerre (1-0), Strasbourg (2-1), Lens (1-0), Rennes (2-0), Toulouse (2-0), Nice (1-0)
Nul avec : Lyon (1-1), Sochaux (1-1), Nantes (0-0), Metz (3-3), Saint-Étienne (0-0), Le Mans (2-2), Marseille (1-1)
Battu par : Paris SG (2-0)
À l'extérieur :
Bat : Marseille (2-0), Metz (1-0), Nice (1-0), Monaco (1-0), Ajaccio (2-0), Sochaux (3-0), Nantes (1-0)
Nul avec : Strasbourg (0-0), Lens (1-1), Rennes (2-2), Toulouse (1-1), Saint-Étienne (1-1), Nancy (0-0), Lyon (0-0), Troyes (1-1)
Battu par : Auxerre (1-0), Le Mans (1-0), Paris SG (3-1), Lille (3-2)

LE MANS

À domicile :
Bat : Rennes (4-0), Troyes (1-0), Sochaux (2-1), Strasbourg (2-0), Marseille (3-0), Bordeaux (1-0), Metz (2-0), Ajaccio (1-0), Toulouse (1-1), Nice (2-0)
Nul avec : Paris SG (0-0), Lille (1-1), Nantes (0-0), Nancy (0-0), Monaco (0-0), Lens (0-0)
Battu par : Lyon (2-1), Auxerre (2-0), Saint-Étienne (1-0)
À l'extérieur :
Bat : Toulouse (2-0), Troyes (3-1), Paris SG (1-0), Strasbourg (2-1),
Nul avec : Metz (0-0), Ajaccio (0-0), Sochaux (0-0), Marseille (1-1), Auxerre (0-0), Bordeaux (2-2)
Battu par : Nice (1-0), Saint-Étienne (3-0), Nantes (1-0), Nancy (1-0), Monaco (2-0), Lens (2-0), Rennes (1-0), Lille (4-0), Lyon (8-1)

LENS

À domicile :
Bat : Marseille (2-0), Auxerre (7-0), Toulouse (1-0), Saint-Étienne (2-1), Le Mans (2-0), Strasbourg (2-1), Ajaccio (1-0), Troyes (1-0), Sochaux (2-1), Lille (4-2), Nantes (3-1)
Nul avec : Bordeaux (1-1), Rennes (0-0), Nice (2-2), Metz (0-0), Monaco (1-1), Lyon (1-1), Paris SG (1-1)

Battu par : Nancy (2-1)
À l'extérieur :
Bat : Paris SG (3-4), Metz (0-1), Nancy (2-1)
Nul avec : Monaco (0-0), Strasbourg (1-1), Lyon (1-1), Ajaccio (0-0), Troyes (1-1), Sochaux (1-1), Lille (0-0), Marseille (1-1), Nice (0-0), Toulouse (1-1), Le Mans (0-0)
Battu par : Nantes (2-0), Auxerre (1-0), Bordeaux (1-0), Rennes (4-1), Saint-Étienne (2-0)

LILLE
À domicile :
Bat : Rennes (1-0), Nice (4-0), Saint-Étienne (2-0), Nantes (2-0), Strasbourg (2-0), Nancy (1-0), Ajaccio (2-0), Sochaux (3-0), Metz (3-1), Le Mans (4-0), Bordeaux (3-2), Lyon (4-0)
Nul avec : Toulouse (0-0), Lens (0-0), Paris SG (0-0), Marseille (0-0), Auxerre (1-1)
Battu par : Troyes (2-1), Monaco (1-0)
À l'extérieur :
Bat : Metz (2-0), Lyon (3-1), Saint-Étienne (2-0), Monaco (1-0)
Nul avec : Ajaccio (3-3), Sochaux (0-0), Le Mans (1-1), Marseille (1-1), Toulouse (0-0), Nantes (1-1), Strasbourg (2-2), Nancy (0-0), Rennes (2-2)
Battu par : Paris SG (2-1), Auxerre (3-2), Bordeaux (1-0), Troyes (1-0), Nice (2-0), Lens (4-2)

LYON
À domicile :
Bat : Strasbourg (1-0), Nancy (1-0), Monaco (2-1), Ajaccio (3-2), Sochaux (1-0), Troyes (2-1), Paris SG (2-0), Marseille (2-1), Nantes (3-1), Metz (4-0), Nice (2-1), Saint-Étienne (4-0), Le Mans (8-1)
Nul avec : Lens (1-1), Auxerre (1-1), Bordeaux (0-0), Toulouse (1-1)
Battu par : Lille (3-1), Rennes (4-1)
À l'extérieur :
Bat : Le Mans (2-1), Auxerre (2-0), Nantes (1-0), Rennes (3-1), Metz (4-0), Toulouse (1-0), Strasbourg (4-0), Nancy (2-0), Ajaccio (3-1), Sochaux (4-0), Troyes (1-0), Paris SG (1-0)
Nul avec : Marseille (1-1), Bordeaux (1-1), Nice (1-1), Saint-Étienne (0-0), Lens (1-1)
Battu par : Monaco (2-1), Lille (4-0)

MARSEILLE
À domicile :
Bat : Troyes (2-1), Metz (3-1), Paris SG (1-0), Nantes (2-1), Monaco (2-1), Auxerre (1-0), Rennes (1-0), Nice (1-0), Saint-Étienne (2-0), Nancy (6-0)
Nul avec : Lyon (1-1), Ajaccio (1-1), Lille (1-1), Lens (1-1), Sochaux (0-0), Toulouse (0-0), Le Mans (1-1), Strasbourg (2-2)
Battu par : Bordeaux (2-0)
À l'extérieur :
Bat : Sochaux (1-0), Nice (1-0), Strasbourg (1-0), Troyes (1-0), Nantes (3-1), Auxerre (2-1)
Nul avec : Nancy (1-1), Paris SG (0-0), Lille (0-0), Bordeaux (1-1)
Battu par : Lens (2-0), Rennes (3-2), Toulouse (1-0), Saint-Étienne (2-1), Le Mans (3-0), Lyon (2-1), Ajaccio (3-1), Metz (1-0), Monaco (1-0)

METZ
À domicile :
Bat : Ajaccio (2-0), Nice (1-0), Marseille (1-0), Monaco (2-1), Paris SG (1-0)
Nul avec : Le Mans (0-0), Strasbourg (0-0), Toulouse (2-2), Nancy (0-0)
Battu par : Lille (2-0), Auxerre (2-1), Bordeaux (1-0), Troyes (4-2), Lyon (4-0), Saint-Étienne (1-0), Nantes (4-1), Rennes (1-0), Lens (1-0), Sochaux (1-0)
À l'extérieur :
Bat : Ajaccio (1-0)
Nul avec : Nantes (0-0), Nancy (1-1), Lens (0-0), Troyes (0-0), Sochaux (1-1), Auxerre (1-1), Bordeaux (3-3)
Battu par : Paris SG (4-1), Saint-Étienne (2-0), Marseille (3-1), Monaco (3-0), Rennes (2-1), Le Mans (2-0), Strasbourg (2-1), Lille (3-1), Lyon (4-0), Toulouse (2-0), Nice (2-1)

MONACO
À domicile :
Bat : Metz (3-0), Ajaccio (3-0), Saint-Étienne (1-0), Le Mans (2-0), Toulouse (1-0), Lyon (2-1), Sochaux (4-1), Marseille (1-0)
Nul avec : Lens (0-0), Nice (0-0), Strasbourg (1-1), Troyes (1-1), Paris SG (1-1), Nantes (1-1), Nancy (2-2)
Battu par : Auxerre (2-0), Rennes (2-0), Bordeaux (1-0), Lille (1-0)
À l'extérieur :
Bat : Nancy (1-0), Strasbourg (2-1), Troyes (2-1), Lille (1-0), Rennes (3-1)
Nul avec : Paris SG (0-0), Nantes (0-0), Lens (1-1), Saint-Étienne (1-1), Le Mans (0-0), Toulouse (3-3)
Battu par : Bordeaux (1-0), Lyon (2-1), Sochaux (2-1), Marseille (2-1), Auxerre (2-1), Nice (2-0), Metz (2-1), Ajaccio (1-0)

NANCY
À domicile :
Bat : Rennes (6-0), Troyes (2-1), Toulouse (2-0), Le Mans (1-0), Saint-Étienne (2-0)
Nul avec : Metz (1-1), Nice (0-0), Marseille (1-1), Bordeaux (0-0), Ajaccio (0-0), Paris SG (1-1), Nantes (0-0), Lille (0-0)
Battu par : Monaco (1-0), Lens (2-1), Strasbourg (2-1), Lyon (2-0), Sochaux (3-0), Auxerre (3-1)
À l'extérieur :
Bat : Saint-Étienne (2-0), Sochaux (2-0), Auxerre (1-0), Lens (2-1), Rennes (2-0), Troyes (1-0), Strasbourg (3-1)
Nul avec : Metz (0-0), Toulouse (1-1), Le Mans (0-0), Monaco (2-2)
Battu par : Bordeaux (1-0), Lyon (1-0), Ajaccio (1-0), Paris SG (1-0), Nantes (3-0), Lille (1-0), Nice (1-0), Marseille (6-0)

NANTES
À domicile :
Bat : Lens (2-0), Toulouse (2-0), Le Mans (1-0), Nancy (3-0), Strasbourg (4-3), Sochaux (3-1), Auxerre (3-2)
Nul avec : Metz (0-0), Saint-Étienne (1-1), Monaco (0-0), Nice (0-0), Troyes (1-1), Paris SG (0-0), Lille (1-1)
Battu par : Lyon (0-1), Ajaccio (2-0), Rennes (2-0), Marseille (3-1), Bordeaux (1-0)
À l'extérieur :
Bat : Rennes (3-0), Ajaccio (2-0), Metz (4-1), Strasbourg (1-0)
Nul avec : Nice (1-1), Bordeaux (0-0), Le Mans (0-0), Nancy (0-0), Monaco (1-1)
Battu par : Troyes (1-0), Sochaux (1-0), Paris SG (2-0), Lille (2-0), Marseille (2-1), Auxerre (4-0), Toulouse (1-0), Lyon (3-1), Saint-Étienne (1-0), Lens (3-1)

NICE
À domicile :
Bat : Le Mans (1-0), Auxerre (1-0), Ajaccio (1-0), Toulouse (2-1), Paris SG (1-0), Lille (2-0), Monaco (2-0), Nancy (1-0), Strasbourg (3-1), Rennes (2-1), Metz (2-1)
Nul avec : Troyes (1-1), Nantes (1-1), Lyon (1-1), Lens (0-0)
Battu par : Sochaux (2-1), Saint-Étienne (1-0), Marseille (1-0), Bordeaux (1-0)
À l'extérieur :
Bat : Toulouse (2-0), Paris SG (2-1), Saint-Étienne (1-0), Ajaccio (3-0), Troyes (2-1)
Nul avec : Monaco (0-0), Lens (2-2), Nancy (0-0), Strasbourg (0-0), Sochaux (1-1), Nantes (0-0)
Battu par : Lille (4-0), Rennes (1-0), Metz (1-0), Le Mans (2-0), Marseille (1-0), Auxerre (2-0), Bordeaux (1-0), Lyon (2-1)

PARIS SG
À domicile :
Bat : Metz (4-1), Toulouse (2-0), Strasbourg (1-0), Lille (2-1), Nantes (2-0), Nancy (1-0), Rennes (2-0), Sochaux (3-1), Troyes (2-1), Auxerre (4-1), Bordeaux (3-1)
Nul avec : Monaco (0-0), Saint-Étienne (2-2), Marseille (0-0)
Battu par : Lens (4-3), Nice (2-1), Le Mans (1-0), Lyon (1-0), Ajaccio (4-2)
À l'extérieur :
Bat : Sochaux (1-0), Bordeaux (2-0)
Nul avec : Troyes (1-1), Le Mans (0-0), Ajaccio (1-1), Strasbourg (1-1), Lille (0-0), Nantes (0-0), Nancy (1-1), Monaco (1-1), Lens (1-1), Rennes (1-1)
Battu par : Saint-Étienne (3-0), Marseille (1-0), Auxerre (2-0), Lyon (2-0), Toulouse (1-0), Nice (1-0), Metz (1-0)

RENNES
À domicile :
Bat : Marseille (3-2), Auxerre (3-1), Metz (2-1), Toulouse (4-1), Nice (1-0), Le Mans (1-0), Lens (4-1), Strasbourg (2-1), Ajaccio (3-0), Troyes (2-0), Sochaux (2-1)
Nul avec : Bordeaux (2-2), Paris SG (1-1), Lille (2-2)
Battu par : Nantes (3-0), Lyon (3-1), Saint-Étienne (1-0), Nancy (2-0), Monaco (3-1)
À l'extérieur :
Bat : Monaco (2-0), Strasbourg (1-0), Ajaccio (1-0), Nantes (2-0), Lyon (4-1), Metz (1-0), Toulouse (1-0)

Nul avec : Saint-Étienne (0-0), Lens (0-0)
Battu par : Lille (1-0), Le Mans (4-0), Nancy (6-0), Troyes (2-1), Sochaux (1-0), Paris SG (2-0), Marseille (1-0), Auxerre (2-0), Bordeaux (2-0), Nice (2-1)

SAINT-ÉTIENNE
À domicile :
Bat : Metz (2-0), Paris SG (3-0), Le Mans (3-0), Marseille (2-1), Nantes (1-0), Lens (2-0)
Nul avec : Ajaccio (0-0), Sochaux (0-0), Auxerre (1-1), Bordeaux (1-1), Lyon (0-0), Troyes (1-1), Monaco (1-1), Rennes (0-0)
Battu par : Nancy (2-0), Toulouse (3-1), Nice (1-0), Lille (2-0), Strasbourg (2-0)
À l'extérieur :
Bat : Nice (1-0), Strasbourg (1-0), Rennes (1-0), Metz (1-0), Le Mans (1-0)
Nul avec : Troyes (0-0), Toulouse (1-1), Nantes (1-1), Paris SG (2-2), Auxerre (0-0), Bordeaux (0-0)
Battu par : Lille (2-0), Monaco (1-0), Lens (2-1), Sochaux (4-0), Nancy (2-0), Marseille (2-0), Lyon (4-0), Ajaccio (3-1)

SOCHAUX
À domicile :
Bat : Nantes (1-0), Monaco (2-1), Rennes (1-0), Saint-Étienne (4-0), Auxerre (1-0), Ajaccio (3-1)
Nul avec : Lille (0-0), Lens (1-1), Metz (1-1), Nice (1-1), Le Mans (0-0), Strasbourg (1-1), Troyes (1-1)
Battu par : Toulouse (1-0), Paris SG (1-0), Marseille (1-0), Nancy (2-0), Bordeaux (3-0), Lyon (4-0)
À l'extérieur :
Bat : Nice (2-1), Ajaccio (1-0), Nancy (3-0), Metz (1-0), Toulouse (2-1)
Nul avec : Saint-Étienne (0-0), Bordeaux (1-1), Strasbourg (0-0), Marseille (0-0)
Battu par : Le Mans (2-1), Auxerre (3-0), Lyon (1-0), Troyes (2-1), Paris SG (3-1), Lille (3-0), Nantes (3-1), Monaco (4-1), Lens (2-1), Rennes (2-1)

STRASBOURG
À domicile :
Bat : Metz (2-1), Troyes (2-0)
Nul avec : Auxerre (0-0), Bordeaux (0-0), Lens (1-1), Nice (0-0), Sochaux (0-0), Paris SG (1-1), Ajaccio (2-2), Lille (2-2)
Battu par : Monaco (2-1), Toulouse (4-2), Rennes (1-0), Saint-Étienne (1-0), Marseille (1-0), Lyon (4-0), Le Mans (2-1), Nantes (1-0), Nancy (3-1)
À l'extérieur :
Bat : Nancy (2-1), Toulouse (2-1), Saint-Étienne (2-0)
Nul avec : Metz (0-0), Ajaccio (0-0), Troyes (1-1), Monaco (1-1), Sochaux (1-1), Marseille (2-2)
Battu par : Lyon (1-0), Paris SG (1-0), Le Mans (2-0), Lille (2-0), Nantes (4-3), Bordeaux (2-1), Lens (2-1), Rennes (2-1), Nice (3-1), Auxerre (4-0)

TOULOUSE
À domicile :
Bat : Marseille (1-0), Auxerre (2-0), Ajaccio (3-0), Troyes (2-1), Paris SG (1-0), Nantes (1-0), Metz (2-0)
Nul avec : Saint-Étienne (1-1), Bordeaux (1-1), Lille (0-0), Nancy (1-1), Lens (1-1), Monaco (3-3)
Battu par : Nice (2-0), Le Mans (2-0), Lyon (1-0), Strasbourg (2-1), Rennes (1-0), Sochaux (2-1)
À l'extérieur :
Bat : Sochaux (1-0), Strasbourg (4-2), Saint-Étienne (3-1)
Nul avec : Lille (0-0), Metz (2-2), Le Mans (1-1), Marseille (0-0), Lyon (1-1)
Battu par : Paris SG (2-0), Nantes (2-0), Nancy (2-0), Lens (1-0), Rennes (4-1), Monaco (1-0), Nice (2-1), Auxerre (2-0), Bordeaux (2-0), Ajaccio (1-0), Troyes (3-1)

TROYES
À domicile :
Bat : Nantes (1-0), Rennes (2-1), Sochaux (2-1), Lille (1-0), Ajaccio (3-0), Toulouse (3-1)
Nul avec : Saint-Étienne (0-0), Paris SG (1-1), Strasbourg (1-1), Lens (1-1), Metz (0-0), Auxerre (1-1), Bordeaux (1-1)
Battu par : Monaco (2-1), Le Mans (3-1), Marseille (1-0), Nancy (1-0), Lyon (1-0), Nice (2-1)
À l'extérieur :
Bat : Lille (2-1), Ajaccio (1-0), Metz (4-2)
Nul avec : Nice (1-1), Saint-Étienne (1-1), Nantes (1-1), Monaco (1-1), Sochaux (1-1)
Battu par : Le Mans (1-0), Marseille (2-1), Nancy (2-1), Auxerre (3-0), Bordeaux (2-0), Lyon (2-1), Toulouse (2-1), Paris SG (2-1), Strasbourg (2-0), Lens (1-0), Rennes (2-0)

CHAMPIONNAT DE FRANCE DE LIGUE 2

Classement final	Pts	J	G	N	P	Bp	Bc	Dif
1. Valenciennes	74	38	21	11	6	51	28	+23
2. Sedan	71	38	19	14	5	50	32	+18
3. Lorient	66	38	18	12	8	49	26	+23
4. Caen	66	38	18	12	8	56	35	+21
5. Dijon	60	38	16	12	10	47	32	+15
6. Bastia	58	38	16	10	12	47	40	+7
7. Le Havre	55	38	13	16	9	48	41	+7
8. Créteil	54	38	13	15	10	46	33	+13
9. Guingamp	50	38	12	14	12	36	32	+4
10. Grenoble	48	38	12	12	14	42	45	-3
11. Gueugnon	48	38	11	15	12	29	37	-8
12. Montpellier	47	38	12	11	15	34	43	-9
13. Istres	47	38	12	11	15	33	45	-12
14. Reims	45	38	10	15	13	32	31	+1
15. Châteauroux	44	38	10	14	14	48	48	0
16. Amiens	43	38	9	16	13	32	44	-12
17. Brest	42	38	9	15	14	34	48	-14
18. Clermont Foot	38	38	10	8	20	35	59	-24
19. Laval	35	38	9	8	21	38	59	-21
20. Sète	23	38	4	11	23	31	60	-29

Valenciennes, Sedan et Lorient en Ligue 1
Clermont Foot, Laval et Sète en National

CHAMPIONNAT DE FRANCE NATIONAL

1. Niort, 70 pts ; 2. Tours, 65 pts ; 3. Libourne/Saint-Seurin, 64 pts ; 4. Cannes, 62 pts ; 5. Nîmes, 58 pts ; 6. Boulogne-sur-Mer, 58 pts ; 7. Toulon, 57 pts ; 8. Raon-l'Étape, 50 pts ; 9. Entente Sannois/Saint-Gratien, 50 pts ; 10. Romorantin, 50 pts ; 11. Angers, 49 pts ; 12. Vannes, 49 pts ; 13. Louhans-Cuiseaux, 48 pts ; 14. Cherbourg, 46 pts ; 15. Pau, 45 pts ; 16. Châtellerault, 42 pts ; 17. Bayonne, 41 pts ; 18. Croix-de-Savoie, 41 pts ; 19. Moulins, 41 pts ; 20. Ajaccio GFCO, 29 pts

Niort, Tours et Libourne/Saint-Seurin promus en L2

COUPE DE LA LIGUE

16es de finale
Lorient bat Amiens 2-2 a.p. (5 tab à 4)
Nantes bat Lyon 1-1 a.p. (4 tab à 3)
Bordeaux bat Marseille 1-0
Le Mans bat Clermont Foot 2-1
Guingamp bat Laval 1-0
Toulouse bat Le Havre 1-0 a.p.
Monaco bat Dijon 1-0
Nice bat Châteauroux 2-0 a.p.
Ajaccio bat Grenoble 4-2 a.p.
Caen bat Strasbourg 1-0
Auxerre bat Lens 3-2
Montpellier bat Rennes 1-0
Paris SG bat Troyes 4-1
Nancy bat Sochaux 1-0
Lille bat Saint-Étienne 2-0
Sedan bat Metz 1-0

8es de finale
Nice bat Sedan 2-0
Guingamp bat Caen 2-0
Bordeaux bat Nantes 3-1
Toulouse bat Paris SG 2-0
Ajaccio bat Montpellier 1-0
Nancy bat Lorient 1-0
Monaco bat Lille 1-0
Le Mans bat Auxerre 1-1 a.p. (4 tab à 1)

Quarts de finale
Le Mans bat Guingamp 1-1 a.p. (3 tab à 2)
Nice bat Bordeaux 2-1 a.p.
Nancy bat Ajaccio 1-0
Monaco bat Toulouse 2-0

Demi-finales
Nice bat Monaco 1-0
Nancy bat Le Mans 2-0

FINALE
Le 22 avril, au Stade de France
Nancy bat Nice 2-1 (1-0)
76 000 spectateurs
Arbitre : M. Layec
Buts : Zerka (22e), Kim (65e) pour Nancy ; Vahirua (49e) pour Nice
Exclusion : Puygrenier (61e) pour Nancy
Les équipes :
NANCY : Sorin (cap.) - Chrétien, Puygrenier, Diakhaté, Lecluse, Biancalani - Duchemin puis Brison (64e), B. Gavanon, Berenguer - Zerka puis Andre Luiz (83e), Kim puis Sarkisian (90e)
NICE : Lloris - Fanni puis Roudet (79e), S. Traoré (cap.), Abardonado, Varrault - Balmont, Echouafni puis Bagayoko (85e), Rool - Vahirua puis Ederson (71e) - Koné, Bellion

COUPE DE FRANCE

32es de finale
Strasbourg bat Nancy 4-0
Lille bat Saint-Étienne 1-0 a.p.
Lens bat Le Mans 1-0
Nantes bat Valenciennes 2-1
Brest bat Nice 3-0
Lyon bat Grenoble 4-0
Marseille bat Le Havre 4-0
Lyon-la Duchère bat Toulouse 2-1
Calais bat Troyes 3-2 a.p.
Bordeaux bat Wasquehal 3-1
Auxerre bat Noisy-le-Sec 1-0
Rennes bat Corte 3-2
Ajaccio bat Saint-Lô 2-0
Sochaux bat Oissel 2-1 a.p.
Monaco bat Rhône-Vallée 6-0
Metz bat Drancy 4-0
Paris SG bat Vermelles 4-0
Lorient bat Vannes 2-1
Moulins bat Istres 3-3 a.p. (5 tab à 3)
Bastia bat Louhans-Cuiseaux 3-3 a.p. (3 tab à 1)
Châteauroux bat Yzeure 2-0
Amiens bat Plabennec 2-0
Montpellier bat Hyères 2-1
Dijon bat Forbach 2-1
Caen bat Longuenesse 4-0
Agde bat Cannes 1-1 a.p. (4 tab à 3)
Entente Sannois/Saint-Gratien bat Saint-Pryvé Saint-Hilaire 6-0
Sainte-Geneviève-des-Bois bat Mulhouse 5-0
Colmar bat Saint-Louis Neuweg 2-1
Vitré bat Fontenay 1-0
Bois-Guillaume bat Brive 0-0 a.p. (5 tab à 4)
Roye bat Alençon 1-0

16es de finale
Lyon-la Duchère bat Strasbourg 0-0 a.p. (5 tab à 4)
Bordeaux bat Entente Sannois/Saint-Gratien 2-1
Nantes bat Bois-Guillaume 2-0
Rennes bat Lens 1-0
Paris SG bat Auxerre 1-0
Lyon bat Ajaccio 2-1 a.p.
Colmar bat Monaco 1-0 a.p.
Lille bat Lorient 1-0
Marseille bat Metz 2-0
Brest bat Amiens 2-0
Bastia bat Agde 2-0 a.p.
Dijon bat Moulins 1-0
Montpellier bat Roye 6-1
Calais bat Sainte-Geneviève-des-Bois 1-0
Vitré bat Longuenesse 3-1
Sochaux bat Châteauroux 2-1 a.p.

8es de finale
Rennes bat Colmar 4-1
Nantes bat Dijon 3-0
Lyon bat Bastia 1-0
Marseille bat Sochaux 2-0
Calais bat Brest 1-0 a.p.
Lille bat Vitré 2-0
Montpellier bat Bordeaux 1-0
Paris SG bat Lyon-la Duchère 3-0

Quarts de finale
Paris SG bat Lille 2-1
Marseille bat Lyon 2-1
Rennes bat Montpellier 5-3 a.p.
Nantes bat Calais 1-0

Demi-finales
Marseille bat Rennes 3-0
Paris SG bat Nantes 2-1

FINALE
Le 29 avril, au Stade de France
Paris SG bat Marseille 2-1 (1-0)
79 000 spectateurs
Arbitre : M. Duhamel
Buts : Kalou (5e), Dhorasoo (49e) pour Paris SG ; Maoulida (67e) pour Marseille
Les équipes :
PARIS SG : Letizi - B. Mendy, Rozehnal, Yepes, Armand - M'Bami, E. Cissé - Dhorasoo, Kalou, Rothen puis Paulo Cesar (87e) - Pauleta (cap.)
MARSEILLE : Barthez (cap.) - Beye puis Nasri (80e), Déhu, Civelli, Taiwo - Cana, Ribéry, Lamouchi - Maoulida, Niang, Pagis puis Oruma (37e)

COUPE DE L'UEFA

PREMIER TOUR

VfB Stuttgart - Domzale 2-0 et 0-1
CSKA Sofia - Bayer Leverkusen 1-0 et 1-0
Bolton - Lokomotiv Plovdiv 2-1 et 2-1
Palerme - Anorthosis Famagusta 2-1 et 4-0
Grasshopper Zurich - Myllykosken Pallo-47 1-1 et 3-0
Rapid Bucarest - Feyenoord Rotterdam 1-1 et 1-0
Lokomotiv Moscou - SK Brann Bergen 2-1 et 3-2
PAOK Salonique - Metalurg Donetsk 1-1 et 2-2
Monaco - Willem II 2-0 et 3-1
Strasbourg - Graz AK 2-0 et 5-0
Lens - Groclin Grodzisk 1-1 et 4-2
Levski Sofia - Auxerre 1-2 et 1-0
Hertha Berlin - APOEL Nicosie 1-0 et 3-1
Slavia Prague - Cork City 2-0 et 2-1
Tromso - Galatasaray 1-0 et 1-1
Steaua Bucarest - Valerenga 3-0 et 3-1
Maccabi Petah-Tikva - Partizan Belgrade 0-2 et 5-2
FC Bâle - Siroki Brijeg 5-0 et 1-0
CSKA Moscou - Midtjylland 3-1 et 3-1
Shakhtar Donetsk - Debrecen 4-1 et 2-0
Dniepropetrovsk - Hibernian 0-0 et 5-1
Alkmaar - Krylya Sovetov Samara 3-5 et 3-1
Brondby IF - FC Zurich 2-0 et 1-2
Middlesbrough - Xanthi 2-0 et 0-0
Rennes - Osasuna 3-1 et 0-0
Besiktas Istanbul - Malmö FF 0-1 et 4-1
Étoile Rouge Belgrade - Braga 0-0 et 1-1
Vitoria Guimaraes - Wisla Cracovie 3-0 et 1-0
FC Séville - Mayence 0-0 et 2-0
Zénith Saint-Petersbourg - AEK Athènes 0-0 et 1-0
Sampdoria Gênes - Vitoria Setubal 1-1 et 1-0
Viking Stavanger - Austria Vienne 1-0 et 1-2
Litex Lovech - Genk 2-2 et 1-0
Marseille - GB Anvers 0-0 et 0-0 a.p. (4 tab à 1)
Hambourg - FC Copenhague 1-1 et 1-0
Dinamo Bucarest - Everton 2-1 et 0-1
Heerenveen - Banik Ostrava 0-2 et 5-0
AS Rome - Aris Salonique 5-1 et 0-0
Espanyol Barcelone - FK Teplice 1-1 et 2-0
Halmstad - Sporting Portugal 1-2 et 3-2 a.p.

DEUXIÈME TOUR

Groupe A

Viking Stavanger - Monaco 1 - 0
CSKA Sofia - Hambourg 0 - 1
Hambourg - Viking Stavanger 2 - 0
Slavia Prague - CSKA Sofia 4 - 2
Viking Stavanger - Slavia Prague 2 - 2
Monaco - Hambourg 2 - 0
Slavia Prague - Monaco 0 - 2
CSKA Sofia - Viking Stavanger 2 - 0
Monaco - CSKA Sofia 2 - 1
Hambourg - Slavia Prague 2 - 0

Classement	Pts	J	G	N	P	Bp	Bc	Dif
1. Monaco	9	4	3	0	1	6	2	+4
2. Hambourg	9	4	3	0	1	5	2	+3
3. Slavia Prague	4	4	1	1	2	6	8	-2
4. Viking Stavanger	4	4	1	1	2	3	6	-3
5. CSKA Sofia	3	4	1	0	3	5	7	-2

Groupe B

Lokomotiv Moscou - Espanyol Barcelone 0 - 1
Maccabi Petah-Tikva - Palerme 1 - 2
Brondby IF - Maccabi Petah-Tikva 2 - 0
Palerme - Lokomotiv Moscou 0 - 0
Lokomotiv Moscou - Brondby IF 4 - 2
Espanyol Barcelone - Palerme 1 - 1
Brondby IF - Espanyol Barcelone 1 - 1
Maccabi Petah-Tikva - Lokomotiv Moscou 0 - 4
Espanyol Barcelone - Maccabi Petah-Tikva 1 - 0
Palerme - Brondby IF 3 - 0

Classement	Pts	J	G	N	P	Bp	Bc	Dif
1. Palerme	8	4	2	2	0	6	2	+4
2. Espanyol Barcelone	8	4	2	2	0	4	2	+2
3. Lokomotiv Moscou	7	4	2	1	1	8	3	+5
4. Brondby IF	4	4	1	1	2	5	8	-3
5. Maccabi Petah-Tikva	0	4	0	0	4	1	9	-8

Groupe C

Halmstad - Hertha Berlin 0 - 1
Steaua Bucarest - Lens 4 - 0
Lens - Halmstad 5 - 0
Sampdoria Gênes - Steaua Bucarest 0 - 0
Hertha Berlin - Lens 0 - 0
Halmstad - Sampdoria Gênes 1 - 3
Sampdoria Gênes - Hertha Berlin 0 - 0
Steaua Bucarest - Halmstad 3 - 0
Hertha Berlin - Steaua Bucarest 0 - 0
Lens - Sampdoria Gênes 2 - 1

Classement	Pts	J	G	N	P	Bp	Bc	Dif
1. Steaua Bucarest	8	4	2	2	0	7	0	+7
2. Lens	7	4	2	1	1	7	5	+2
3. Hertha Berlin	6	4	1	3	0	1	0	+1
4. Sampdoria Gênes	5	4	1	2	1	4	3	+1
5. Halmstad	0	4	0	0	4	1	12	-11

Groupe D

Dniepropetrovsk - Alkmaar 1 - 2
Grasshopper Zurich - Middlesbrough 0 - 1
Lovech - Grasshopper Zurich 2 - 1
Middlesbrough - Dniepropetrovsk 3 - 0
Alkmaar - Middlesbrough 0 - 0
Dniepropetrovsk - Lovech 0 - 2
Lovech - Alkmaar 0 - 2
Grasshopper Zurich - Dniepropetrovsk 2 - 3
Alkmaar - Grasshopper Zurich 1 - 0
Middlesbrough - Lovech 2 - 0

Classement	Pts	J	G	N	P	Bp	Bc	Dif
1. Middlesbrough	10	4	3	1	0	6	0	+6
2. Alkmaar	10	4	3	1	0	5	1	+4
3. Lovech	6	4	2	0	2	4	5	-1
4. Dniepropetrovsk	3	4	1	0	3	4	9	-5
5. Grasshopper Zurich	0	4	0	0	4	3	7	-4

Groupe E

FC Bâle - Strasbourg 0 - 2
Tromso - AS Rome 1 - 2
ER Belgrade - FC Bâle 1 - 2
Strasbourg - Tromso 2 - 0
Tromso - ER Belgrade 3 - 1
AS Rome - Strasbourg 1 - 1
ER Belgrade - AS Rome 3 - 1
FC Bâle - Tromso 4 - 3
AS Rome - FC Bâle 3 - 1
Strasbourg - ER Belgrade 2 - 2

Classement	Pts	J	G	N	P	Bp	Bc	Dif
1. Strasbourg	8	4	2	2	0	7	3	+4
2. AS Rome	7	4	2	1	1	7	6	+1
3. FC Bâle	6	4	2	0	2	7	9	-2
4. ER Belgrade	4	4	1	1	2	7	8	-1
5. Tromso	3	4	1	0	3	7	9	-2

Groupe F

CSKA Moscou - Marseille 1 - 2
Dinamo Bucarest - Heerenveen 0 - 0
Levski Sofia - Dinamo Bucarest 1 - 0
Heerenveen - CSKA Moscou 0 - 0
CSKA Moscou - Levski Sofia 2 - 1
Marseille - Heerenveen 1 - 0
Levski Sofia - Marseille 1 - 0
Dinamo Bucarest - CSKA Moscou 1 - 0
Marseille - Dinamo Bucarest 2 - 1
Heerenveen - Levski Sofia 2 - 1

Classement	Pts	J	G	N	P	Bp	Bc	Dif
1. Marseille	9	4	3	0	1	5	3	+2
2. Levski Sofia	6	4	2	0	2	4	4	0
3. Heerenveen	5	4	1	2	1	2	2	0
4. CSKA Moscou	4	4	1	1	2	3	4	-1
5. Dinamo Bucarest	4	4	1	1	2	2	3	-1

Groupe G

Shakhtar Donetsk - PAOK Salonique 1 - 0
Rennes - VfB Stuttgart 0 - 2
Rapid Bucarest - Rennes 2 - 0
VfB Stuttgart - Shakhtar Donetsk 0 - 2
PAOK Salonique - VfB Stuttgar 1 - 2
Shakhtar Donetsk - Rapid Bucarest 0 - 1
Rapid Bucarest - PAOK Salonique 1 - 0
Rennes - Shakhtar Donetsk 0 - 1
PAOK Salonique - Rennes 5 - 1
VfB Stuttgart - Rapid Bucarest 2 - 1

Classement	Pts	J	G	N	P	Bp	Bc	Dif
1. Rapid Bucarest	9	4	3	0	1	5	2	+3
2. Shakhtar Donetsk	9	4	3	0	1	4	1	+3
3. VfB Stuttgart	9	4	3	0	1	6	4	+2
4. PAOK Salonique	3	4	1	0	3	6	5	+1
5. Rennes	0	4	0	0	4	1	10	-9

Groupe H

Zénith Saint-Pétersbourg - Vitoria Guimaraes	2 - 1
Besiktas - Bolton	1 - 1
Bolton - Zénith Saint-Pétersbourg	1 - 0
FC Séville - Besiktas	3 - 0
Zénith Saint-Pétersbourg - FC Séville	2 - 1
Vitoria Guimaraes - Bolton	1 - 1
FC Séville - Vitoria Guimaraes	3 - 1
Besiktas - Zénith Saint-Pétersbourg	1 - 1
Vitoria Guimaraes - Besiktas	1 - 3
Bolton - FC Séville	1 - 1

Classement	Pts	J	G	N	P	bp	Bc	Dif
1. FC Séville	7	4	2	1	1	8	4	+4
2. Zén. Saint-Pétersbourg	7	4	2	1	1	5	4	+1
3. Bolton	6	4	1	3	0	4	3	+1
4. Besiktas	5	4	1	2	1	5	6	-1
5. Vitoria Guimaraes	1	4	0	1	3	4	9	-5

Les 3 premiers de chaque groupe sont qualifiés pour les 16es de finale

16ES DE FINALE

Palerme - Slavia Prague (CZE) 1-2 et 1-0
Rapid Bucarest - Hertha Berlin 1-0 et 2-0
Levski Sofia - Bratislava 1-0 et 2-0
Steaua Bucarest - Heerenveen 3-1 et 0-1
Zénith Saint-Pétersbourg - Rosenborg 2-0 et 2-1
Lille - Chakhtior Donetsk 3-2 et 0-0
Hambourg - Thoune 0-1 et 2-0
Strasbourg - Litex Lovech 2-0 et 0-0
Middlesbrough - VfB Stuttgart 2-1 et 0-1
Marseille - Bolton 0-0 et 2-1
FC Bâle - Monaco 1-0 et 1-1
Udinese - Lens 3-0 et 0-1
AS Rome - FC Bruges 2-1 et 2-1
Betis Séville - AZ Alkmaar 2-0 et 1-2 a.p.
FC Séville - Lokomotiv Moscou 1-0 et 2-0
Schalke 04 - Espanyol Barcelone 2-1 et 3-0

8ES DE FINALE

Rapid Bucarest - Hambourg 2-0 et 1-3
Middlesbrough - AS Rome 1-0 et 1-2
FC Séville - Lille 0-1 et 2-0
Saint-Pétersbourg - Marseille 1-0 et 1-1
Levski Sofia - Udinese 0-0 et 2-1
FC Bâle - Strasbourg 2-0 et 2-2
Schalke 04 - Palerme 0-1 et 3-0
Steaua Bucarest - Betis Séville 0-0 et 3-0

QUARTS DE FINALE

FC Séville - Saint-Pétersbourg 4-1- et 1-1
Steaua Bucarest - Rapid Bucarest 1-1 et 0-0
Schalke 04 - Levski Sofia 3-1 et 1-1
Middlesbrough - FC Bâle 0-2 et 4-1

DEMI-FINALES

Middlesbrough - Steaua Bucarest 0-1 et 4-2
FC Séville - Schalke 04 0-0 et 1-0 a.p.

FINALE

Le 10 mai, à Eindhoven (Pays-Bas)
FC Séville bat Middlesbrough 4-0 (1-0)
31 300 spectateurs
Arbitre : M. Fandel (ALL)
Buts : Luis Fabiano (27e), Maresca (78e, 84e), Kanouté (89e)
Les équipes :
FC SÉVILLE : Palop - Daniel Alves, Javi Navarro (cap.), Escudé, David - Jesus Navas, Marti, Maresca, Adriano puis Fuerta (86e) - Saviola puis Kanouté (46e) - Luis Fabiano puis Renato (72e)
MIDDLESBROUGH : Schwarzer - Parnaby, Southgate (cap.), Riggott, Queudrue puis Yakubu (70e) - Morrison puis Maccarrone (46e), Boateng, Rochemback, Downing - Viduka puis Cattermole (85e), Hasselbaink

LIGUE DES CHAMPIONS

TOUR PRÉLIMINAIRE

Rapid Vienne - Lokomotiv Moscou 1-1 et 1-0
Artmedia - Partizan Belgrade 0-0 et 0-0 a.p. (4 tab à 3)
Thoune - Malmö 1-0 et 3-0
Betis Séville - Monaco 1-0 et 2-2
Udinese - Sporting Portugal 1-0 et 3-2
Rosenborg - Steaua Bucarest 1-1 et 3-2
Panathinaïkos - Wisla Cracovie 1-3 et 4-1 a.p.
Liverpool - CSKA Sofia 3-1 et 0-1
Anderlecht - Slavia Prague 2-1 et 2-0
Manchester United - Debrecen 3-0 et 3-0
FC Bruges - Valerenga 0-1 et 1-0 a.p (4 tab à 3)
Ajax Amsterdam - Brondby IF 2-2 et 3-1
Glasgow Rangers - Anorthosis Famagouste 2-1 et 2-0
Werder Brême - FC Bâle 1-2 et 3-0
Inter Milan - Shakhtar Donetsk 2-0 et 1-1
Villarreal - Everton 2-1 et 2-1

PREMIÈRE PHASE

Groupe A

Rapid Vienne - Bayern Munich	0 - 1
FC Bruges - Juventus Turin	1 - 2
Juventus Turin - Rapid Vienne	3 - 0
Bayern Munich - FC Bruges	1 - 0
Bayern Munich - Juventus Turin	2 - 1
Rapid Vienne - FC Bruges	0 - 1
Juventus Turin - Bayern Munich	2 - 1
FC Bruges - Rapid Vienne	3 - 2
Bayern Munich - Rapid Vienne	4 - 0
Juventus Turin - FC Bruges	1 - 0
Rapid Vienne - Juventus Turin	1 - 3
FC Bruges - Bayern Munich	1 - 1

Classement	Pts	J	G	N	P	Bp	Bc	Dif
1. Juventus Turin	15	6	5	0	1	12	5	+7
2. Bayern Munich	13	6	4	1	1	10	4	+6
3. FC Bruges	7	6	2	1	3	6	7	-1
4. Rapid Vienne	0	6	0	0	6	3	15	-12

Juventus Turin et Bayern Munich qualifiés pour les 8es de finale.

Groupe B

Sparta Prague - Ajax Amsterdam	1 - 1
Arsenal - Thoune	2 - 1
Thoune - Sparta Prague	1 - 0
Ajax Amsterdam - Arsenal	1 - 2
Ajax Amsterdam - Thoune	2 - 0
Sparta Prague - Arsenal	0 - 2
Thoune - Ajax Amsterdam	2 - 4
Arsenal - Sparta Prague	3 - 0
Ajax Amsterdam - Sparta Prague	2 - 1
Thoune - Arsenal	0 - 1
Sparta Prague - Thoune	0 - 0
Arsenal - Ajax Amsterdam	0 - 0

Classement	Pts	J	G	N	P	Bp	Bc	Dif
1. Arsenal	16	6	5	1	0	10	2	+8
2. Ajax Amsterdam	11	6	3	2	1	10	6	+4
3. Thoune	4	6	1	1	4	4	9	-5
4. Sparta Prague	2	6	0	2	4	2	9	-7

Arsenal et Ajax Amsterdam qualifiés pour les 8es de finale.

Groupe C

Udinese - Panathinaïkos	3 - 0
Werder Brême - FC Barcelone	0 - 2
FC Barcelone - Udinese	4 - 1
Panathinaïkos - Werder Brême	2 - 1
Panathinaïkos - FC Barcelone	0 - 0
Udinese - Werder Brême	1 - 1
FC Barcelone - Panathinaïkos	5 - 0
Werder Brême - Udines	4 - 3
Panathinaïkos - Udinese	1 - 2
FC Barcelone - Werder Brême	3 - 1
Udinese - FC Barcelone	0 - 2
Werder Brême - Panathinaïkos	5 - 1

Classement	Pts	J	G	N	P	Bp	Bc	Dif
1. FC Barcelone	16	6	5	1	0	16	2	+14
2. Werder Brême	7	6	2	1	3	12	12	0
3. Udinese	7	6	2	1	3	10	12	-2
4. Panathinaïkos	4	6	1	1	4	4	16	-12

FC Barcelone et Werder Brême qualifiés pour les 8es de finale.

Groupe D

Villarreal - Manchester United	0 - 0
Benfica Lisbonne - Lille	1 - 0
Lille - Villarreal	0 - 0
Manchester United - Benfica Lisbonne	2 - 1
Manchester United - Lille	0 - 0
Villarreal - Benfica Lisbonne	1 - 1
Lille - Manchester United	1 - 0
Benfica Lisbonne - Villarreal	0 - 1
Manchester United - Villarreal	0 - 0
Lille - Benfica Lisbonne	0 - 0
Villarreal - Lille	1 - 0
Benfica Lisbonne - Manchester United	2 - 1

Classement	Pts	J	G	N	P	Bp	Bc	Dif
1. Villarreal	10	6	2	4	0	3	1	+2
2. Benfica Lisbonne	8	6	2	2	2	5	5	0
3. Lille	6	6	1	3	2	1	2	-1
4. Manchester United	6	6	1	3	2	3	4	-1

Villarreal et Benfica Lisbonne qualifiés pour les 8es de finale.

Le 14 septembre, à Lisbonne
Benfica bat Lille 1-0 (0-0)
32 176 spectateurs
Arbitre : M. Temmink (PBS)
But : Miccoli (90e +2)
Les équipes :
BENFICA : Moreira - Nelson, Luisao, Rocha puis Anderson (46e), Leo puis Mantorras (80e) - Geovanni, Petit puis Karagounis (67e), Fernandes, Simao (cap.) - Miccoli, Nuno Gomes
LILLE : Sylva - Chalmé, Plestan, Schmitz, Tafforeau (cap.) - Dernis puis Lichsteiner (84e), Makoun, Cabaye, Gygax puis Debuchy (46e) - Bodmer - Moussilou puis Odemwingie (71e)

Le 27 septembre, au Stade de France
Lille et Villarreal 0-0
35 153 spectateurs
Arbitre : M. Frojdfeldt (SUE)
Les équipes :
LILLE : Sylva - Lichtsteiner, Plestan, Schmitz, Tafforeau - Makoun, Bodmer puis Dumont (46e), Debuchy, Acimovic puis Dernis (85e) - Odemwingie, Moussilou puis Fauvergue (74e)
VILLARREAL : Viera - Kromkamp, Gonzalo Rodriguez, Quique Alvarez puis Gonzalo Rodriguez (57e), Arruabarrena - Tacchninardi, Josico, Riquelme, Sorin puis Senna (46e) - Forlan puis Guayre (84e), Figueroa

Le 18 octobre, à Manchester
Manchester United et Lille 0-0
60 626 spectateurs
Arbitre : M. Farina (ITA)
Exclusion : Scholes (63e) pour Manchester United
Les équipes :
MANCHESTER UNITED : Van der Sar - Bardsley, Ferdinand, Silvestre, O'Shea - Fletcher, A. Smith - C. Ronaldo, Scholes, Giggs (cap.) puis Park (83e) - Van Nistelrooy
LILLE : Sylva - Chalmé, Tavlaridis, Schmitz, Vitakic - Debuchy puis Keita (84e), Bodmer, Makoun, Tafforeau (cap.) - Acimovic puis Dernis (60e) - Odemwingie puis Moussilou (74e)

Le 2 novembre, au Stade de France

Lille bat Manchester United 1-0 (1-0)

66 470 spectateurs

Arbitre : M. Markus Merck (ALL)

But : Acimovic (39e)

Les équipes :

LILLE : Sylva - Chalmé, Tavlaridis, Rafael Schmitz, Tafforeau - Bodmer, Makoun - Debuchy, Dernis puis Gygax (79e), Acimovic puis Cabaye (76e) - Moussilou puis Odemwingie (84e)

MANCHESTER UNITED : Van der Sar - O'Shea, Rio Ferdinand, Brown, Silvestre - Fletcher, A. Smith, Richardson puis Park Ji-Sung (65e), Cristiano Ronaldo puis Rossi (89e) - Rooney, van Nistelrooy

Le 22 novembre, au Stade de France

Lille et Benfica 0-0

76 184 spectateurs

Arbitre : M. Busacca (SUI)

Les équipes :

LILLE : Sylva - Lichtsteiner, Tavlaridis, Schmitz, Tafforeau (cap.) - Chalmé puis Mirallas (69e), Bodmer, Makoun, Dernis - Acimovic puis Fauvergue (87e) - Moussilou puis Aboucherouane (75e)

BENFICA : Quim - Alcides, Luisao, Anderson, Rocha - Nelson, Beto, Petit, Leo - Nuno Gomes (cap.), Miccoli puis Mantorras (44e)

Le 7 décembre, à Villarreal

Villarreal bat Lille 1 à 0 (0-0)

18 000 spectateurs

Arbitre : M. Ivanov (RUS)

But : Guayre (67e)

Les équipes :

VILLARREAL : Viera - Kromkamp, Gonzalo Rodriguez, Pena, Arruabarrena - Riquelme, Senna, Josico, Sorin puis Hector Font (36e) - José Mari puis Guayre (60e), Forlan (Roger, 83e)

LILLE : Sylva - Chalmé, Tavlaridis, Vitakic, Tafforeau - Lichtsteiner puis Moussilou (70e), Dumont, Makoun, Bodmer, Dernis puis Acimovic (60e) - Odemwingie puis Mirallas (75e)

Groupe E

Milan AC - Fenerbahce	3 - 1	Schalke 04 - Fenerbahce	2 - 0
PSV Eindhoven - Schalke 04	1 - 0	PSV Eindhoven - Milan AC	1 - 0
Schalke 04 - Milan AC	2 - 2	Fenerbahce - Milan AC	0 - 4
Fenerbahce - PSV Eindhoven	3 - 0	Schalke 04 - PSV Eindhoven	3 - 0
Fenerbahce - Schalke 04	3 - 3	Milan AC - Schalke 04	3 - 2
Milan AC - PSV Eindhoven	0 - 0	PSV Eindhoven - Fenerbahce	2 - 0

Classement	Pts	J	G	N	P	Bp	Bc	Dif
1. Milan AC	11	6	3	2	1	12	6	+6
2. PSV Eindhoven	10	6	3	1	2	4	6	-2
3. Schalke 04	8	6	2	2	2	12	9	+3
4. Fenerbahce	4	6	1	1	4	7	14	-7

Milan AC et PSV Eindhoven qualifiés pour les 8es de finale.

Groupe F

Lyon - Real Madrid	3 - 0	Rosenborg - Real Madrid	0 - 2
Olympiakos Le Pirée - Rosenborg	1 - 3	Olympiakos Le Pirée - Lyon	1 - 4
Rosenborg - Lyon	0 - 1	Real Madrid - Lyon	1 - 1
Real Madrid - Olympiakos Le Pirée	2 - 1	Rosenborg - Olympiakos Le Pirée	1 - 1
Real Madrid - Rosenborg	4 - 1	Lyon - Rosenborg	2 - 1
Lyon - Olympiakos Le Pirée	2 - 1	Olympiakos Le Pirée - Real Madrid	2 - 1

Classement	Pts	J	G	N	P	Bp	Bc	Dif
1. Lyon	16	6	5	1	0	13	4	+9
2. Real Madrid	10	6	3	1	2	10	8	+2
3. Rosenborg	4	6	1	1	4	6	11	-5
4. Olympiakos Le Pirée	4	6	1	1	4	7	13	-6

Lyon et Real Madrid qualifiés pour les 8es de finale.

Le 13 septembre, à Lyon

Lyon bat Real Madrid 3-0 (3-0)

40 309 spectateurs

Arbitre : M. de Santis (ITA)

Buts : Carew (21e), Juninho (26e), Wiltord (31e)

Les équipes :

LYON : Coupet - Réveillère, Cris, Caçapa, Berthod - Tiago puis Pedretti (86e), M. Diarra, Juninho - Wiltord puis Govou (80e), Malouda - Carew puis Fred (72e)

REAL MADRID : Casillas - Salgado, S. Ramos, Helguera, R. Carlos - Beckham, Guti, Pablo Garcia puis Guti (61e), Gravesen - Baptista - Robinho, Raul

Le 28 septembre, à Trondheim

Lyon bat Rosenborg 1-0 (1-0)

20 620 spectateurs

Arbitre : M. Baskakov (RUS)

But : Cris (45e)

Les équipes :

ROSENBORG : E. Johnsen - Strand puis Basma (66e), Kvarme, Riseth, Dorsin - Skjelbred, Berg, Solli - Braaten, Helstad puis F. Johnsen (68e), Storflor puis Odegaard (60e)

LYON : Coupet - Réveillère, Cris, Caçapa, Berthod - Govou puis Wiltord (85e), Tiago, Diarra, Juninho, Malouda - Carew puis Fred (90e +1)

Le 19 octobre, à Lyon

Lyon bat Olympiakos Le Pirée 2-1 (1-0)

38 053 spectateurs

Arbitre : M. Poll (ANG)

Buts : Juninho (4e), Govou (89e) pour Lyon ; Kafes (84e) pour Olympiakos

Les équipes :

LYON : Coupet - Réveillère, Cris, Caçapa, Abidal - Govou puis J. Clément (90e +2), Tiago, M. Diarra, Juninho, Malouda - Fred puis Carew (70e)

OLYMPIAKOS LE PIRÉE : Nikopolidis - Kapsis, Anatolakis puis Babangida (90e +2), Kostoulas, Bulut - Pantos, Y. Touré, Stoltidis puis Konstantinou (86e), Djordjevic - Kafes - Okkas

Le 1er novembre, au Pirée

Lyon bat Olympiakos Le Pirée 4-1 (2-1)

33 500 spectateurs

Arbitre : M. Fröjdfeldt (SUE)

Buts : Babangida (3e) pour Olympiakos Le Pirée ; Juninho (41e), Carew (44e, 57e), Diarra (55e) pour Lyon

Les équipes :

OLYMPIAKOS LE PIRÉE : Giannou - Pantos, Kostoulas puis Bulut (66e), Anatolakis, Georgatos - Kafes, Touré, Rivaldo - Babangida, Okkas puis D'Acol (81e), Djordjevic puis Stoltidis (66e)

LYON : Coupet - Réveillère, Cris, Caçapa, Abidal - Govou, Tiago puis Clément (75e), Diarra, Juninho puis Pedretti (78e), Malouda puis Wiltord (68e) - Carew

Le 23 novembre, à Madrid

Real Madrid et Lyon 1-1 (1-0)

67 302 spectateurs

Arbitre : M. de Bleeckere (BEL)

Buts : Guti (41e) pour Real Madrid ; Carew (72e) pour Lyon

Les équipes :

REAL MADRID : Casillas - Diogo, Helguera, Pavon, Roberto Carlos - Beckham puis Salgado (79e), Sergio Ramos, Zidane puis Baptista (77e), Pablo Garcia, Guti - Robinho

LYON : Coupet - Réveillère, Cris, Caçapa, Monsoreau puis Fred (69e) - Govou puis Wiltord (69e), Tiago, Diarra, Juninho puis Clément (45e +3), Malouda - Carew

Le 6 décembre, à Lyon

Lyon bat Rosenborg 2-1 (1-0)

40 425 spectateurs

Arbitre : A. Dauden Ibanez (ESP)

Buts : Benzema (33e), Fred (90e +3) pour Lyon, Braaten (68e) pour Rosenborg

Les équipes :

LYON : Vercoutre - Réveillère puis Clerc (83e), L. Diatta, Cris, Monsoreau - Wiltord, Pedretti, Benzema puis Beynier (90e), Clément, Ben Arfa - Carew puis Fred (55e)

ROSENBORG : E. Johnsen - Basma, Lago, Kvarme, Dorsin - Winsnes, Riseth puis Tettey (81e), F. Johnsen - Braaten, Helstad puis Odegaard (57e), Storflor puis Eguren (83e)

Groupe G

Chelsea - Anderlecht	1 - 0	Liverpool - Anderlecht	3 - 0
Betis Séville - Liverpool	1 - 2	Betis Séville - Chelsea	1 - 0
Liverpool - Chelsea	0 - 0	Anderlecht - Chelsea	0 - 2
Anderlecht - Betis Séville	0 - 1	Liverpool - Betis Séville	0 - 0
Anderlecht - Liverpool	0 - 1	Chelsea - Liverpool	0 - 0
Chelsea - Betis Séville	4 - 0	Betis Séville - Anderlecht	0 - 1

Classement	Pts	J	G	N	P	Bp	Bc	Dif
1. Liverpool	12	6	3	3	0	6	1	+5
2. Chelsea	11	6	3	2	1	7	1	+6
3. Betis Séville	7	6	2	1	3	3	7	-4
4. Anderlecht	3	6	1	0	5	1	8	-7

Liverpool et Chelsea qualifiés pour les 8es de finale.

Groupe H

Glasgow Rangers - FC Porto	3 - 2	Inter Milan - FC Porto	2 - 1
FC Bratislava - Inter Milan	0 - 1	FC Bratislava - Glasgow Rangers	2 - 2
Inter Milan - Glasgow Rangers	1 - 0	FC Porto - Glasgow Rangers	1 - 1
FC Porto - FC Bratislava	2 - 3	Inter Milan - FC Bratislava	4 - 0
FC Porto - Inter Milan	2 - 0	Glasgow Rangers - Inter Milan	1 - 1
Glasgow Rangers - FC Bratislava	0 - 0	FC Bratislava - FC Porto	0 - 0

Classement	Pts	J	G	N	P	Bp	Bc	Dif
1. Inter Milan	13	6	4	1	1	9	4	+5
2. Glasgow Rangers	7	6	1	4	1	7	7	0
3. FC Bratislava	6	6	1	3	2	5	9	-4
4. FC Porto	5	6	1	2	3	8	9	-1

Inter Milan et Glasgow Rangers qualifiés pour les 8es de finale.

8ES DE FINALE

Inter Milan - Ajax Amsterdam 2-0 et 1-0
Juventus Turin - Werder Brême 2-3 et 2-1
FC Barcelone - Chelsea 2-1 et 1-1
Villarreal - Glasgow Rangers 2-2 et 1-1
Arsenal - Real Madrid 1-0 et 0-0
AC Milan - Bayern Munich 1-1 et 4-1
Lyon - PSV Eindhoven 1-0 et 4-0
Benfica Lisbonne - Liverpool 1-0 et 2-0

Le 21 février, à Eindhoven
Lyon bat PSV Eindhoven 1-0 (0-0)
35 000 spectateurs
Arbitre : M. Vassaras (GRE)
But : Juninho (65e)
Exclusion : Govou (81e) pour Lyon
Les équipes :
PSV EINDHOVEN : Gomes - Reiziger, Ooijer, Alex, Lamey - Culina puis Aissati (54e), Simons, Afellay puis Koné (74e), Cocu (cap.) - Farfan, Vennegoor of Hesselink
LYON : Coupet - Clerc, Müller, Cris puis Wiltord (46e), Abidal - Govou, Tiago, Diarra, Juninho (cap.), Malouda - Carew puis Fred (63e)

Le 8 mars, à Lyon
Lyon bat PSV Eindhoven 4-0 (2-0)
37 901 spectateurs
Arbitre : M. Riley (ENG)
Buts : Tiago (26e, 45e +4), Wiltord (71e), Fred (90e)
Exclusion : Cocu (43e) pour PSV Eindhoven
Les équipes :
LYON : Coupet - Clerc, Cris, Müller, Abidal - Tiago puis J. Clément (80e), M. Diarra, Juninho puis Pedretti (76e) - Wiltord, Malouda - Carew puis Fred (66e)
PSV EINDHOVEN : Gomes - Lucius, Addo, Alex puis Aissati (76e), Reiziger - Simons, Afellay, Cocu - Culina puis Väyrynen (57e), Kone, Farfan puis Beasley (57e)

QUARTS DE FINALE

Villarreal - Inter Milan	1-2 et 1-0
AC Milan - Lyon	0-0 et 3-1
FC Barcelone - Benfica Lisbonne	0-0 et 2-0
Arsenal - Juventus Turin	2-0 et 0-0

Le 29 mars, à Lyon
Lyon et AC Milan 0-0
39 313 spectateurs
Arbitre : M. Plautz (AUT)
Les équipes :
LYON : Coupet - Clerc, Cris, Caçapa (cap.), Abidal - Tiago, M. Diarra, Pedretti puis J. Clément (68e) - Wiltord, Malouda - Carew puis Fred (63e)
AC MILAN : Dida - Costacurta (cap.) puis Maldini (62e), Nesta, Kaladze, Serginho - Gattuso, Pirlo puis Vogel (85e), Seedorf - Kaka - Gilardino puis F. Inzaghi (62e), Shevchenko

Le 4 avril, à Milan
AC Milan bat Lyon 3-1 (1-1)
78 894 spectateurs
Arbitre : M. Hauge (NOR)
Buts : Inzaghi (25e, 88e), Shevchenko (90e+3) pour AC Milan ; M. Diarra (31e) pour Lyon
Les équipes :
AC MILAN : Dida - Stam puis Costacurta (24e), Nesta, Kaladze, Serginho - Gattuso puis Maldini (78e), Pirlo puis Ambrosini (71e), Kaka, Seedorf - Inzaghi, Shevchenko (cap.)
LYON : Coupet - Clerc, Cris, Caçapa (cap.), Abidal - Govou puis Réveillère (83e), M. Diarra, Wiltord, Juninho, Malouda - Fred puis Carew (71e)

DEMI-FINALES

Arsenal - Villarreal	1-0 et 0-0
FC Barcelone - AC Milan	1-0 et 0-0

FINALE
Le 17 mai, au Stade de France
FC Barcelone bat Arsenal 2-1 (0-1)
80 000 spectateurs
Arbitre : M. Hauge (NOR)
Buts : Eto'o (76e), Belletti (81e) pour FC Barcelone ; Campbell (37e) pour Arsenal
Exclusion : Lehmann (18e) pour Arsenal
Les équipes :
FC BARCELONE : Victor Valdes - Oleguer puis Belletti (71e), Puyol (cap.), Marquez, Van Bronckhorst - Edmilson puis Iniesta (46e), Deco, Van Bommel puis Larsson (61e) - Giuly, Eto'o, Ronaldinho
ARSENAL : Lehmann - Eboué, Touré, Campbell, Ash. Cole - Hleb puis Reyes (85e), Fabregas puis Flamini (74e), Gilberto Silva, Pires puis Almunia (20e), Ljungberg - Henry (cap.)

LA SAISON DE L'ÉQUIPE DE FRANCE

Le 17 août, à Montpellier
France bat Côte d'Ivoire 3-0 (1-0)
31 457 spectateurs
Arbitre : M. Bertini (ITA)
Buts : Gallas (28e), Zidane (62e), Henry (66e)
Les équipes :
FRANCE : Coupet - Sagnol, Thuram puis Squillaci (23e), Boumsong, Gallas - Dhorasoo, Makelele puis A. Diarra (88e) - Wiltord puis Trezeguet (79e), Zidane (cap.), Malouda puis Rothen (72e) - Henry puis D. Cissé (72e)
CÔTE D'IVOIRE : Tizié - Zoro puis Eboué (46e), C. Domoraud (cap.), K. Touré, Boka - Zokora puis Demel (70e), Yapi, B. Kalou puis Romaric (46e), Tiéné puis Faé (46e) - Dindane, Drogba puis B. Koné (78e)

Le 3 septembre, à Lens (qualif. Mondial)
France bat Iles Féroé 3-0
40 126 spectateurs
Arbitre : M. Jara (TCH)
Buts : D. Cissé (13e, 76e), Olsen (18e csc)
Les équipes :
FRANCE : Coupet - Sagnol, Thuram puis Squillaci (76e), Boumsong, Gallas - Vieira (58e-cap.), Makelele, Malouda - Zidane (cap.) puis Dhorasoo (58e) - D. Cissé, Henry puis Wiltord (67e)
ILES FÉROÉ : Mikkelsen - Horg puis C. Jacobsen (56e), Johannesen (cap.), J. Jacobsen, Olsen - Borg, Hojsted, Flotum, Benjaminsen, Jorgensen puis Lakjuni (76e) - Jonsson puis R. Jacobsen (67e)

Le 7 septembre, à Dublin (qualif. Mondial)
France bat Irlande 1-0 (0-0)
36 000 spectateurs
Arbitre : M. Fandel (ALL)
But : Henry (68e)
Les équipes :
EIRE : Given - Carr, Dunne, Cunningham (cap.), O'Shea - A. Reid, Roy Keane, Kilbane puis Doherty (78e), Duff - Rob. Keane, Morrison puis Harte (78e)
FRANCE : Coupet - Sagnol puis Givet (90e), Boumsong, Thuram, Gallas - Vieira, Makelele - Wiltord, Zidane (cap.) puis Malouda (70e), Dhorasoo - Henry puis D. Cissé (76e)

Le 8 octobre, à Berne (qualif. Mondial)
Suisse et France 1-1 (0-0)
31 400 spectateurs
Arbitre : M. Hauge (NOR)
Buts : Thuram (csc 79e) pour la Suisse ; D. Cissé (52e) pour la France
Les équipes :
SUISSE : Zuberbühler - P. Degen, Müller, Senderos, Magnin - Vogel (cap.), Barnetta puis Behrami (90e +1), Cabanas, Wicky puis Lustrinelli (83e) - Vonlanthen puis Gygax (60e), Frei
FRANCE : Coupet - Réveillère, Thuram, Boumsong, Gallas - Vieira, Makelele - Dhorasoo puis D. Cissé (46e), Zidane (cap.), Malouda puis Govou (90e +1) - Wiltord

Le 12 octobre, au Stade de France (qualif. Mondial)
France bat Chypre 4-0 (3-0)
80 000 spectateurs
Arbitre : M. Stark (ALL)
Buts : Zidane (29e), Wiltord (32e), Dhorasoo (44e), Giuly (84e)
Les équipes :
FRANCE : Coupet - Sagnol, Thuram, Boumsong, Gallas - Dhorasoo, Vieira puis A. Diarra (25e) - Govou puis Jurietti (90e +1), Zidane (cap.), Wiltord puis Giuly (59e) - D. Cissé
CHYPRE : Morfis - Élia, Lambrou, Louka, Garpozis puis Maragos (46e) - Charalampidis, Charalambous, Makrides puis Okkarides (81e), Krassas - Yiasoumi puis Filaniotis (63e) - Aloneftis

Le 9 novembre, à Fort-de-France
France bat Costa Rica 3-2 (0-2)
16 216 spectateurs
Arbitre : M. Alcala Pineda (MEX)
Buts : Anelka (49e), Cissé (79e), Henry (87e) pour la France ; Saborio (14e), Fonseca (41e) pour le Costa Rica
Les équipes :
FRANCE : Barthez - Gallas, Thuram (cap.), Givet puis Rothen (71e), Abidal puis Réveillère (14e) - Wiltord puis Govou (63e), Diarra, Dhorasoo, Malouda - Anelka puis Cissé (71e), Henry
COSTA RICA : Porras Hidalgo - Drummond, Segueira puis Salazar (87e), Marin Murillo (cap.) - Wallace puis Myrie (64e), Centeno, Fonseca, Hernandez puis Bolanos (64e), Gonzalez Arce puis Castro (83e) - Gomez, Saborio puis Ruiz (74e)

Le 12 novembre, au Stade de France
France et Allemagne 0-0
58 889 spectateurs
Arbitre : M. Bennett (ANG)
Les équipes :
FRANCE : Coupet - Réveillère, Thuram (cap.), Boumsong, Gallas - Sagnol, Makelele, Dhorasoo puis Diarra (75e), Malouda puis Rothen (69e) - Henry puis Anelka (46e), Trezeguet puis Cissé (69e)
ALLEMAGNE : Lehmann - Friedrich, Mertesacker, Huth, Jansen - Deisler puis Schweinsteiger (46e), Frings, Schneider puis Borowski (76e) - Ballack (cap.) - Podolski puis Kuranyi (83e), Klose

Le 1er mars, au Stade de France
Slovaquie bat France 2-1 (0-0)
52 273 spectateurs
Arbitre : M. Thomson (ECO)
Buts : Wiltord (75e sp) pour la France ; Nemeth (62e), Valachovic (81e) pour la Slovaquie
Les équipes :
FRANCE : Barthez - Sagnol, Thuram, Boumsong, Silvestre puis Abidal (63e) - Dhorasoo, A. Diarra, Zidane (cap.) puis Malouda (46e), Vieira - Anelka puis Wiltord (46e), Trezeguet puis Henry (46e)
SLOVAQUIE : Hajduch - Zabavnik puis Petras (90e+3), Skrtel, Durica, Cech - Krajcik puis Valachovic (78e), Borbely, Hlinka puis Hodur (86e) - Holosko puis Nemeth (59e), Vittek (cap.) puis Kopunek (89e) - Jakubko puis Bicak (70e)

Le 27 mai, au Stade de France
France bat Mexique 1-0 (1-0)
78 819 spectateurs
Arbitre : M. Daami (TUN)
But : Malouda (45e +1)
Les équipes :
FRANCE : Barthez (52e-cap.) - Sagnol, Thuram puis Boumsong (50e), Gallas puis Silvestre (46e), Abidal - Vieira puis Wiltord (46e), Makelele puis A. Diarra (48e), Malouda - Zidane (cap.) puis Dhorasoo (52e) - D. Cissé, Trezeguet puis Ribéry (75e)
MEXIQUE : Sanchez - Osorio, Suarez puis Rodriguez (65e), Salcido - Castro, Pardo, Marquez (cap.) puis Torrado (74e), Perez puis Zinha (46e), Pineda puis Morales (46e) - Franco puis Bravo (46e), Borgetti puis Arellano (67e)

Le 31 mai, à Lens
France bat Danemark 2-0 (1-0)
40 000 spectateurs
Arbitre : M. Kelly (IRL)
Buts : Henry (13e), Wiltord (76e sp)
Les équipes :
FRANCE : Barthez - Sagnol puis Chimbonda (88e), Thuram, Gallas, Abidal puis Silvestre (82e) - Vieira, Makelele, Malouda - Zidane (cap.) puis Ribéry (66e) - Saha puis Wiltord (57e), Henry puis Cissé (79e)
DANEMARK : Christiansen - Priske, Helveg (cap.), Kroeldrup puis Jacobsen (64e), Kristiansen puis Jepsen (77e) - Poulsen, Gravesen - Silberbauer, Jensen puis Larsen (72e), Joergensen - Tomasson puis Perez (86e)

Le 7 juin, à Saint-Étienne
France bat Chine 3-1 (1-0)
34 147 spectateurs
Arbitre : M. Davila (ESP)
Buts : Trezeguet (30e), Wang Y. (90e csc), Henry (90e +2) pour la France ; Zheng (69e sp) pour la Chine
Les équipes :
FRANCE : Barthez - Sagnol, Thuram, Gallas, Abidal - Vieira puis Ribéry (75e), Makelele, Malouda - Zidane (cap.) - D. Cissé puis Trezeguet (13e), puis Wiltord (84e), Henry
CHINE : Li L. - Xu Y., Zhang Ya., Ji, Cao puis Zhang Y. (88e) - Gao puis Hao (31e), puis Wang Y. (75e), Zhao J. puis Jiang (69e), Zhao X., Tao puis Li T. (80e) - Zheng (cap.), Han puis Dong (60e)

COUPE DU MONDE

PREMIER TOUR

Les deux premiers de chaque groupe sont qualifiés pour les huitièmes de finale.
En cas d'égalité de points à l'issue de la dernière journée, les équipes seront départagées à la différence de buts générale (puis, si égalité, au nombre total de buts marqués, puis au match particulier entre elles).

GROUPE A

Allemagne - Costa Rica	4 - 2
Pologne - Équateur	0 - 2
Allemagne - Pologne	1 - 0
Équateur - Costa Rica	3 - 0
Équateur - Allemagne	0 - 3
Costa Rica - Pologne	1 - 2

Classement	Pts	J	G	N	P	Bp	Bc	Dif
1. Allemagne	9	3	3	0	0	8	2	+6
2. Équateur	6	3	2	0	1	5	3	+2
3. Pologne	3	3	1	0	2	2	4	-2
4. Costa Rica	0	3	0	0	3	3	9	-6

GROUPE B

Angleterre - Paraguay	1 - 0
Trinité-et-Tobago - Suède	0 - 0
Angleterre - Trinité-et-Tobago	2 - 0
Suède - Paraguay	1 - 0
Suède - Angleterre	2 - 2
Paraguay - Trinité-et-Tobago	2 - 0

Classement	Pts	J	G	N	P	Bp	Bc	Dif
1. Angleterre	7	3	2	1	0	5	2	+3
2. Suède	5	3	1	2	0	3	2	+
3. Paraguay	3	3	1	0	2	2	2	0
4. Trinité-et-Tobago	1	3	0	1	2	0	4	-4

GROUPE C

Argentine - Côte d'Ivoire	2 - 1
Serbie-et-Monténégro - Pays-Bas	0 - 1
Argentine - Serbie-et-Monténégro	6 - 0
Pays-Bas - Côte d'Ivoire	2 - 1
Pays-Bas - Argentine	0 - 0
Côte d'Ivoire - Serbie-et-Monténégro	3 - 2

Classement	Pts	J	G	N	P	Bp	Bc	Dif
1. Argentine	7	3	2	1	0	8	1	+7
2. Pays-Bas	7	3	2	1	0	3	1	+2
3. Côte d'Ivoire	3	3	1	0	2	5	6	-1
4. Serbie-Monténégro	0	3	0	0	3	2	10	-8

GROUPE D

Mexique - Iran	3 - 1
Angola - Portugal	0 - 1
Mexique - Angola	0 - 0
Portugal - Iran	2 - 0
Portugal - Mexique	2 - 1
Iran - Angola	1 - 1

Classement	Pts	J	G	N	P	Bp	Bc	Dif
1. Portugal	9	3	3	0	0	5	1	+4
2. Mexique	4	3	1	1	1	4	3	+1
3. Angola	2	3	0	2	1	1	2	-1
4. Iran	1	3	0	1	2	2	6	-4

GROUPE E

États-Unis - République tchèque	0 - 3
Italie - Ghana	2 - 0
République tchèque - Ghana	0 - 2
Italie - États-Unis	1 - 1
République tchèque - Italie	0 - 2
Ghana - États-Unis	2 - 1

Classement	Pts	J	G	N	P	Bp	Bc	Dif
1. Italie	7	3	2	1	0	5	1	+4
2. Ghana	6	3	2	0	1	4	3	+1
3. République tchèque	3	3	1	0	2	3	4	-1
4. États-Unis	1	3	0	1	2	2	6	-4

GROUPE F

Australie - Japon	3 - 1
Brésil - Croatie	1 - 0
Japon - Croatie	0 - 0
Brésil - Australie	2 - 0
Japon - Brésil	1 - 4
Croatie - Australie	2 - 2

Classement	Pts	J	G	N	P	Bp	Bc	Dif
1. Brésil	9	3	3	0	0	7	1	+6
2. Australie	4	3	1	1	1	5	5	0
3. Croatie	2	3	0	2	1	2	3	-1
4. Japon	1	3	0	1	2	2	7	-5

GROUPE G

Corée du Sud - Togo	2 - 1
France - Suisse	0 - 0
France - Corée du Sud	1 - 1
Togo - Suisse	0 - 2
Togo - France	0 - 2
Suisse - Corée du Sud	2 - 0

Classement	Pts	J	G	N	P	Bp	Bc	Dif
1. Suisse	7	3	2	1	0	4	0	+4
2. France	5	3	1	2	0	3	1	+2
3. Corée du Sud	4	3	1	1	1	3	4	-1
4. Togo	0	3	0	0	3	1	6	-5

GROUPE H

Espagne - Ukraine	4 - 0
Tunisie - Arabie Saoudite	2 - 2
Arabie Saoudite - Ukraine	0 - 4
Espagne - Tunisie	3 - 1
Arabie Saoudite - Espagne	0 - 1
Ukraine - Tunisie	1 - 0

Classement	Pts	J	G	N	P	Bp	Bc	Dif
1. Espagne	9	3	3	0	0	8	1	+7
2. Ukraine	6	3	2	0	1	5	4	+1
3. Tunisie	1	3	0	1	2	3	6	-3
4. Arabie Saoudite	1	3	0	1	2	2	7	-5

LES MATCHES DE L'ÉQUIPE DE FRANCE

Le 13 juin, à Stuttgart

France et Suisse 0-0

52 000 spectateurs

Arbitre : M. Ivanov (RUS)

Les équipes :

FRANCE : Barthez - Sagnol, Thuram, Gallas, Abidal - Vieira, Makelele-Wiltord puis Dhorasoo (84e), Zidane (cap.), Ribéry puis Saha (70e) - Henry

SUISSE : Zuberbühler - P. Degen, Müller puis Djourou (75e), Senderos, Magnin - Barnetta, Cabanas, Vogel (cap.), Wicky puis Margairaz (82e) - Streller puis Gygax (57e), Frei

Le 18 juin, à Leipzig

France et Corée du Sud 1-1 (1-0)

43 000 spectateurs

Arbitre : M. Archundia (MEX)

Buts : Henry (9e) pour la France ; Park Ji-sung (81e) pour la Corée du Sud

Les équipes :

FRANCE : Barthez - Sagnol, Thuram, Gallas, Abidal - Vieira, Makelele - Wiltord puis Ribéry (60e), Zidane (cap.) puis Trezeguet (90e +1), Malouda puis Dhorasoo (88e) - Henry

CORÉE DU SUD : Lee Woon-jae (cap.) - Lee Young-pyo, Choi Jin-cheul, Kim Young-chul, Kim Dong-jin - Lee Ho puis Kim Sang-sik (69e), Kim Nam-il, Lee Eul-yong puis Seol Ki-hyeon (46e) - Lee Chun-soo puis Ahn Jung-hwan (72e), Park Ji-sung - Cho Jae-jin

Le 23 juin, à Cologne

France bat Togo 2-0 (0-0)

45 000 spectateurs

Arbitre : M. Larrionda (URU)

Buts : Vieira (55e), Henry (61e)

Les équipes :

FRANCE : Barthez - Sagnol, Thuram, Gallas, Silvestre - Ribéry puis Govou (77e), Vieira (cap.) puis A. Diarra (81e), Makelele, Malouda puis Wiltord (74e) - Trezeguet, Henry

TOGO : Agassa - Tchangai, Abalo (cap.), Nibombé, Forson - Aziawonou - Senaya, Chérif Touré puis Olufade (59e), Salifou - Adebayor puis Dossévi (75e), Mohamed Kader

8ES DE FINALE

Allemagne - Suède	2-0
Argentine - Mexique	2-1 (a.p.)
Angleterre - Équateur	1-0
Portugal - Pays-Bas	1-0
Italie - Australie	1-0
Ukraine - Suisse	0-0 (3 tab à 0)
Brésil - Ghana	3-0
Espagne - France	1-3

Le 27 juin, à Hanovre

France bat Espagne 3-1 (1-1)

43 000 spectateurs

Arbitre : M. Rosetti (ITA)

Buts : Villa (28e s.p.) pour l'Espagne ; Ribéry (41e), Vieira (83e), Zidane (90e +2) pour la France

Les équipes :

ESPAGNE : Casillas - Sergio Ramos, Pablo Ibanez, Puyol, Pernia - Fabregas, Xabi Alonso, Xavi puis Marcos Senna (72e) - Raul (cap.) puis Luis Garcia (54e) - Fernando Torres, Villa puis Joaquin (54e)

FRANCE : Barthez - Sagnol, Thuram, Gallas, Abidal - Vieira, Makelele - Ribéry, Zidane (cap.), Malouda puis Govou (75e) - Henry puis Wiltord (88e)

QUARTS DE FINALE

Allemagne - Argentine	1-1 a.p. (4 tab à 2)
Italie - Ukraine	3-0
Angleterre - Portugal	0-0 a.p. (3 tab à 1)
France - Brésil	1-0

Le 1er juillet, à Francfort

France bat Brésil 1-0 (0-0)

48 000 spectateurs

Arbitre : M. Medina Cantalejo (ESP)

But : Henry (57e)

Les équipes :

BRÉSIL : Dida - Cafu (cap.) puis Cicinho (76e), Lucio, Juan, Roberto Carlos - Gilberto Silva, Ze Roberto - Kaka puis Robinho (79e), Juninho puis Adriano (63e) - Ronaldo, Ronaldinho

FRANCE : Barthez - Sagnol, Thuram, Gallas, Abidal - Makelele, Vieira - Ribéry puis Govou (77e), Zidane (cap.), Malouda puis Wiltord (81e) - Henry puis Saha (86e)

DEMI-FINALES

Italie - Allemagne	2-0 a.p.
France - Portugal	1-0

Le 5 juillet, à Munich

France bat Portugal 1-0 (1-0)

66 000 spectateurs

Arbitre : M. Larrionda (URU)

But : Zidane (33e s.p.)

Les équipes :

PORTUGAL : Ricardo - Miguel puis Paulo Ferreira (63e), Fernando Meira, Ricardo Carvalho, Nuno Valente - Costinha puis Helder Postiga (75e), Maniche - Figo (cap.), Deco, Cristiano Ronaldo - Pauleta puis Simao Sabrosa (68e)

FRANCE : Barthez - Sagnol, Thuram, Gallas, Abidal - Makelele, Vieira - Ribéry puis Govou (72e), Zidane (cap.), Malouda puis Wiltord (69e) - Henry puis Saha (85e)

MATCH POUR LA 3E PLACE

Allemagne - Portugal	3-1

FINALE

Italie – France	1 - 1 a.p. (5 tab à 3)

Le 9 juillet, à Berlin

Italie bat France 1-1 et 5 tab à 3

69 000 spectateurs

Arbitre : M. Elizondo (ARG)

Buts : Materazzi (19e) pour l'Italie ; Zidane (7e s.p.) pour la France

Tirs au but réussis : Pirlo, Materazzi, De Rossi, Del Piero, F. Grosso pour l'Italie ; Wiltord, Abidal, Sagnol pour la France

Tir au but manqué : Trezeguet pour la France

Exclusion : Zidane (110e) pour la France

Les équipes :

ITALIE : Buffon - Zambrotta, F. Cannavaro (cap.), Materazzi, F. Grosso - Gattuso, Pirlo - Camoranesi puis Del Piero (86e), Totti puis De Rossi (61e), Perrotta puis Iaquinta (61e) - Toni

FRANCE : Barthez - Sagnol, Thuram, Gallas, Abidal - Vieira puis A. Diarra (56e), Makelele - Ribéry puis Trezeguet (100e), Zidane (cap.), Malouda - Henry puis Wiltord (107e)

Origine des documents photographiques

Couverture et pages d'intérieur : **Presse Sports**
Sauf les pages 4, 5, 12, 104, 105 (h et b), 107 (2 b), 126 (h et b), 134 : **AFP**